CONFLUENCIAS

INVESTIGACIÓN Y EDICIÓN ICONOGRÁFICA
Graciela García Romero
Felicitas Luna
Marisel Flores

REPRODUCCIONES FOTOGRÁFICAS
Graciela García Romero

AGRADECIMIENTOS:
Por la colaboración brindada en la investigación iconográfica agradecemos a María Sáenz Quesada, Jorge Carlos Mitre, Valeria Cataldo, Mary Piana y Roxana Di Leva, del Museo Mitre; a Julio Solezzi y Agustina Gangloff, de la Biblioteca Nacional; a la Academia Nacional de la Historia, Museo Etnográfico "Juan B. Ambrosetti", al Centro Argentino de Estudios Antropológicos, y al Archivo General de la Nación.

FELIX LUNA

CONFLUENCIAS

EDITORIAL SUDAMERICANA
BUENOS AIRES

PRIMERA EDICION
Noviembre de 1991

SEGUNDA EDICION
Mayo de 1993

IMPRESO EN LA ARGENTINA

Queda hecho el depósito
que previene la ley 11.723

Humberto I 531, Buenos Aires.

ISBN 950-07-0716-0

Explico

Cuando se desempeña con ganas y con amor un cargo público, las actividades que uno desarrollaba con anterioridad se van dejando de lado y hasta se olvidan. Todo lo que uno hace está en función de la tarea asumida. Y cuando un día se deja la función, empieza a crecer una sensación de vacío que, de no llenarse, puede ser peligrosamente esterilizante. Yo fui designado Secretario de Cultura de la ciudad de Buenos Aires en diciembre de 1986 y dejé de serlo en julio de 1989; en esos dos años y medio me dejé absorber cada vez más por un trabajo que me encantaba y al que me consagré de lleno. Pero a medida que se aproximaba el día de mi cesación, pensaba con preocupación qué haría después. Tanto me había dedicado a aquella responsabilidad que no podía imaginar el futuro sin ella... Lo mismo le ocurría a quien fuera mi subsecretario, el doctor Miguel Ángel ("Chani") Inchausti: durante su gestión había abandonado su profesión de abogado y sus quehaceres como compositor y ejecutante de música folklórica.

Era natural, pues, que en los días previos a la transmisión del mando habláramos sobre nuestras respectivas ocupaciones en el futuro. Fue precisamente "Chani" quien me sugirió por entonces la posibilidad de promover un proyecto para TV referido al V Centenario del descubrimiento de América. Pero en ese momento, mediados de 1989, la idea estaba aún muy verde y sin mayores posibilidades de concretarse. Tomé razón de la iniciativa, pues, y la archivé mentalmente.

Inmediatamente después de mi alejamiento de la Secretaría de Cultura, una serie de trabajos sobre temas historiográficos, invitaciones para dictar conferencias y cursos y la dirección de la revista Todo es Historia, *que retomé, me mantuvieron ocupado, alejando felizmente aquellos peligros de caer en el ocio y la desgana que me habían asustado en los finales de mi gestión municipal. En realidad, desde que abandoné mi cargo trabajé más que nunca, y la aparición de* Soy Roca, *con todas sus secuelas, completó mi tiempo y mi dedicación profesional. Con el propio "Chani" trabajamos arduamente en una creación musical, la* Suite para la Buena Tierra, *que se estrenó en noviembre de 1990. Pero tres meses antes, en agosto de ese mismo año, la idea que me trajera mi ex subsecretario se había súbitamente actualizado.*

Ocurría que un grupo de comerciantes españoles radicado en Buenos Aires tenía el propósito de financiar una serie de TV relacionada con el descubrimiento de América. Yo no tuve contacto directo con ellos sino con una oficina de producción relacionada con "Chani". Empezamos a conversar y de inmediato tuve una idea clara de lo debía hacerse. Tenía alguna experiencia en TV: durante cuatro o cinco años animé el programa Todo es Historia *en distintos canales de Buenos Aires; en 1983 realicé una miniserie de cuatro capítulos,* Patagonia se hizo así, *con dirección de Raúl de la Torre, y en 1985* Buenos Aires y el País, *con dirección de Néstor Paternostro. Por consiguiente, no me eran desconocidas las limitaciones de este medio de comunicación, pero tampoco su enorme poder de difusión. La posibilidad de realizar libremente una serie sobre un tema que hace a las raíces americanas, me entusiasmó, así como me sedujo la circunstancia de que se trataba de un emprendimiento privado, ajeno a toda burocracia y exento, en consecuencia, de cualquier condicionamiento ideológico o político. Así que de inmediato propuse (y fue aceptada) la idea general de la obra que es, en síntesis, lo que va a leerse después de este acaso molesto pero necesario prólogo.*

Confluencias *desarrolla un tema fascinante: la mezcla de la cultura hispana con las culturas americanas preexistentes al descubrimiento. Al plantearlo así, queda atrás el tratamiento de los choques y conflictos de la conquista de América. No es que desconozca y mucho menos que oculte estos choques: simplemente los doy por sabidos, para entrar a un terreno mucho más rico cual es el del formidable contacto que tuvo por escenario al nuevo mundo. Todo proceso de dominación de un pueblo por otro es horrible. Implica masacres, arrasamientos culturales, desarraigos, compulsiones. Tales espantos tuvieron lugar en el continente americano como lo han tenido en todo el mundo a lo largo de la historia de la humanidad. Pero no sería ésta la materia sobre la cual versaría* Confluencias, *sino la que tiene que ver con aquello que son hoy los pueblos de la América poblada por españoles. Me pareció que relatar los avatares del descubrimiento y la conquista, aunque fuera apasionante, era menos fecundo que buscar las claves de ese fenómeno casi único como es el mestizaje americano, mestizaje no sólo racial sino manifestado también en el campo lingüístico, artístico, religioso e institucional. El descubrimiento y la conquista del Nuevo Mundo fueron hazañas individuales; la confluencia de formas y contenidos culturales diferentes, en cambio, fue el resultado de procesos anónimos, prolongados y, en líneas generales, pacíficos, que resultaron fundacionales porque constituyen, quiérase o no, la base histórica de los pueblos latinoamericanos.*

De inmediato me puse a trabajar en el libreto. Cuando uno escribe para la TV (imagino que será lo mismo en el cine) tiene que poner un ojo en el texto y otro en la posible ilustración gráfica. En este caso, la técnica resultaba difícil porque yo deseaba que Confluencias *fuera enjundiosa, que tuviera contenido conceptual: así lo pedía el tema abordado. Pero ¡ay!, es difícil ilustrar abstracciones. A cierta altura de mi tarea dejé de pensar en la cámara y me limité a hacer lo que sé hacer: escribir un relato histórico. ¡Que se arreglara después el equipo de producción! Con este pensamiento egoísta pero salvador, fui elaborando los distintos capítulos sin mayores dificultades. Debí recurrir a fuentes que tenía olvidadas y materiales que no manejo habitualmente siendo, como soy, un historiador cuyo campo suele ser el pasado argentino. El buen criterio de mi hija Felicitas, ya en los últimos tramos de su carrera de Historia, me ayudó mucho en esta etapa, como me ayudó mucho en la revisión final de los textos la certera crítica y la erudición de María Sáenz Quesada.*

Porque la cosa tenía sus bemoles. Uno, el apuro con que se había fijado ese moderno tirano de las creaciones intelectuales que se llama "el Cronograma":

ya haré una referencia a este problema. El otro inconveniente se relaciona con la vastedad del contenido posible del libreto. América, ya se sabe, no es una entidad homogénea; sus culturas eran y siguen siendo muy diferentes, como son variadísimos sus matices en la lengua, la raza, la religión, las formas artísticas y musicales y las modalidades de la vida cotidiana. Hablar de un pueblo americano, en la época de la conquista y ahora, es un abuso. ¿Cómo hacer, entonces, para abordar con cierta coherencia y dentro de un tiempo televisivo convencional semejante heterogeneidad? La solución tenía que ser arbitraria y lo fue: me limité a incluir las culturas más relacionadas con nuestro país, apelando también a la azteca por su esplendor, originalidad y grandeza, y además porque la Nueva España fue la experiencia más lograda de la colonización española y la más viva evidencia del fenómeno de fusión que intentaba señalar. Ya había quedado afuera la América sajona; ahora también se exoneraba a la portuguesa y otras comarcas del continente. Fue una verdadera mutilación y así lo sentí, pero no encuentro otro método para escribir algo que no se diluya en una generalización tan absurda como incomprensible.

A su vez, el inconveniente del cronograma consistía en lo siguiente: yo había aceptado el encargo a principios de septiembre (1990) pero tenía planeado, de tiempo atrás, ir en octubre y noviembre a Europa en viaje de descanso. Era evidente, pues, que los libretos recién empezarían a elaborarse a mi regreso, aunque la línea general ya estuviera definida, y redactados algunos esbozos. Pero el equipo de producción estaba ansioso por empezar con lo suyo y tenía previsto trasladarse inmediatamente a España para grabar allí algunas tomas. Se me pidió que modificara mi itinerario europeo y yo los vi tan entusiasmados que accedí aunque me parecía insólito (y así les dije) que una serie de TV empezara a grabarse antes de tener el guión en la mano. De modo que hice un paréntesis en mi periplo y durante una semana anduve por Castilla, Extremadura y Andalucía recogiendo imágenes. Pasamos jornadas muy intensas y mi mujer, agregada a la partida, contribuyó a que las cosas salieran mejor.

Como quiera que sea, trabajando en verano, como suelo hacer, a fines de febrero de 1991 ya estaban listos y terminados los cinco libretos. Entre tanto, el equipo de producción había recorrido el Perú, México y las Antillas; después habría de trabajarse el territorio argentino en las zonas del Norte y Noroeste. A continuación vendría la fatigosa y delicada tarea de editar todo ese material, ponerle palabras, musicalizarlo. Sólo entonces Confluencias *estaría preparado para presentarse.*

Este libro aparece independientemente de la serie televisiva por varias razones. En primer lugar, porque las exigencias técnicas y artísticas de la TV imponen muchas veces cortes, omisiones o agregados que pueden alterar el libreto previo. Cuando uno elige un medio para difundir sus ideas o conocimientos, debe aceptar las reglas de juego propias del mismo. Seguramente el producto final de Confluencias *será bastante diferente a lo que proponen mis libretos; no me quejo porque me atengo a las modalidades específicas de la TV. Pero también tengo derecho a justificar mi oficio de historiador mostrando la idea básica de la serie tal cual fue, sin los condicionamientos del medio televisivo, para que el lector y el televidente juzguen si el producto final enriqueció o no mi propuesta inicial.*

En segundo lugar, esta publicación responde a una realidad: la circunstancia de que la TV tiene un lenguaje propio que se compone por partes iguales de imágenes y de palabras. Mi profesión tiene que ver con las palabras; puede suceder, entonces, que el brillo de las imágenes ponga en segundo plano lo que yo escribí. Atención, no se trata de vanidad sino de la conveniencia de fijar y dar permanencia a una realización que es fugaz y pasajera por definición. Además, como los cinco guiones están animados por una intención única más allá de las ilustraciones que puedan engalanarlos, me parece legítimo que Confluencias *cobre vida no sólo en la pantalla sino como un volumen impreso. La verdad sea dicha, yo soy hombre de libros. He escrito algunos, he leído muchísimos, me deleito en su frecuentación y la única avaricia de mi vida consiste en tenerlos. Así es que este volumen es también un tributo a este medio, el editorial, que a pesar de todas sus crisis y agonías sigue siendo la más noble y perdurable forma de transmisión del saber humano.*

Por otra parte, la independencia de este libro respecto del guión televisivo que fue su origen se corrobora por la circunstancia de que ambas creaciones tienen un título diferente. Cuando empecé el trabajo de TV, el nombre de la miniserie apareció por sí solo: Heredad, *nombre que aludía al patrimonio resultante del mestizaje que hemos dicho; hablar de heredad daba idea de una continuidad que hay que valorar y perfeccionar. Además era una palabra equívoca (cosa que siempre me divierte) porque es un sustantivo pero a la vez la forma imperativa del verbo heredar.*

Pero meses después, otro título empezó a ganar espacio propio en mi imaginación: Confluencias. *Me gustaba porque era la denominación que corresponde a la mixtura de dos corrientes que al encontrarse forman un nuevo caudal, distinto a los que le dieron origen. Y esta era justamente la idea contenida en mis guiones. Además, el vocablo es hermoso, tiene un sonido líquido, fluyente, resonante... ¿Entonces qué? ¿*Heredad *o* Confluencias*? La cosa se resolvió salomónicamente. Como ya se había diseñado el logotipo de la miniserie y todos se referían a ella como* Heredad, *así quedó bautizada y con ese nombre andará por las pantallas chicas. Y yo me quedé con* Confluencias *para definir el sentido de estas páginas.*

Una explicación final. Para escribir este libro no he buceado en fuentes inéditas. No planteo hipótesis audaces o tesis originales. No expongo nada que no sepan los estudiosos de estos temas. Confluencias *es sólo un intento de mostrar al público las características más notables de los procesos que determinaron la creación de los pueblos y naciones de habla española en el Nuevo Mundo. Constituye un saludo a la España descubridora, conquistadora y pobladora, pero también un reconocimiento de los aportes prehispánicos, tanto los de las grandes civilizaciones americanas preexistentes como los de las etnias cuyas culturas, en sus distintos niveles de desarrollo, forman un ingrediente insoslayable de nuestra realidad.*

En cierto modo, debo confesarlo, este volumen es una compadrada. Para difundir la historia tal como la veo y siento, yo he recurrido a muy diferentes medios de expresión: el libro, desde luego, pero también las revistas periódicas, empezando por Todo es Historia, *los diarios, la radio, la TV, la música (¿se acuerdan de* Los

Caudillos *y* Mujeres Argentinas*?), y también la cátedra, los cursos libres y las conferencias, la literatura infantil y hasta la casete. Me faltaba esto: un libreto de TV convertido en libro, que salga a correr su destino sin depender de la imagen, el sonido y la música que suelen acompañar en la pantalla chica los textos de un programa. Una compadrada, porque es posible que el guión solo, indefenso, sin ropajes, no resista la prueba a la que será sometido por los lectores. Pero también puede ser que el esqueleto narrativo de una miniserie recorra gallardamente el camino editorial, con independencia de la suerte del programa que se articuló sobre su base. Ya se sabe: las compadradas tienen su riesgo, pero uno se divierte haciéndolas y si salen bien, gratifican maravillosamente a quien las ha cometido...*

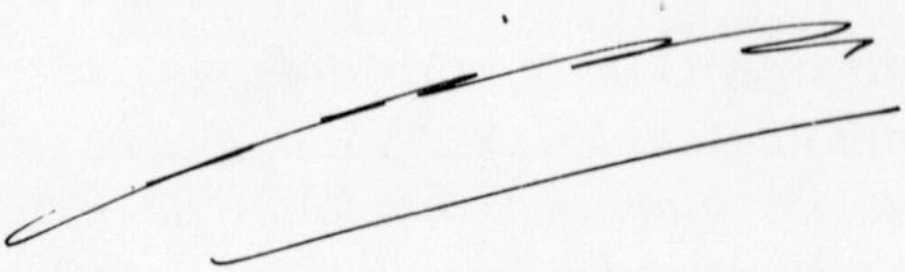

FÉLIX LUNA

La Gente

I

Cristóbal Colón murió en 1506 convencido de que en sus viajes transatlánticos había arribado a las cercanías de China y Japón, es decir, a las Indias Orientales. Pero ya por entonces se abría camino la evidencia de que el Gran Almirante había descubierto, en realidad, un continente desconocido. Poco después, marinos y geógrafos europeos daban por cierta esta sospecha y hasta bautizaban la nueva realidad con el nombre de uno de los exploradores y cosmógrafos más activos del Nuevo Mundo, Américo Vespucio.

Cuando empezó a imponerse la idea de que América era un continente no conocido hasta ese momento, una cantidad de interrogantes se instaló en Europa en el espíritu de los hombres de pensamiento: interrogantes jurídicos y políticos sobre el dominio y futuro destino de las nuevas tierras; interrogantes filosóficos y teológicos sobre la condición de sus habitantes; interrogantes geográficos y científicos de toda clase. En verdad, el descubrimiento de América conmovió hasta sus cimientos las bases de la cultura y las ideas predominantes de la civilización occidental, y obligó a repensar creencias que hasta entonces se habían tenido por indiscutibles.

El primero de estos interrogantes se refería, como era natural, a los habitantes del nuevo continente. Por empezar, ¿se trataba de seres humanos? En segundo lugar, ¿de dónde habían venido? y –pregunta especialmente acuciante para los españoles– ¿qué se podía hacer con ellos? No eran chicas estas inquietudes, que se plantearon en las cortes europeas y muy especialmente en España, en las universidades, en los gabinetes de teólogos, filósofos y gobernantes.

Esto explica que, apenas iniciada la conquista, florecieran libremente teorías tejidas para explicar el origen de los indios. Hubo quienes aventuraron que descendían de una de las tribus perdidas de Israel. Otros sostuvieron que eran descendientes de los cananeos. O de los fenicios, los egipcios o los antiguos habitantes de la Atlántida, salvados de algún modo providencial de la catástrofe que habría destruido esa antigua civilización. Hoy este tipo de fantásticas hipótesis se ha desvanecido –aunque hayan aparecido en las últimas décadas algunas que postulan a viajeros extraterrestres como los lejanos antepasados de los aborígenes americanos. Pero sigue persistiendo el misterio del origen de los primitivos habitantes de nuestro continente. Lo único que se sabe de cierto es que los restos más antiguos de población humana en América datan de unos 20.000 ó 21.000 años: con anterioridad, no hay vestigios de seres humanos, lo que permite afirmar que el hombre americano, haya venido de donde haya venido, es mucho más joven que el de Europa, donde hay signos de presencia humana que datan de varios cientos de miles de años.

Pero, insistimos, ¿de dónde llegaron estos remotos antepasados nuestros?

También en este punto han diferido y siguen divergiendo las opiniones científicas. Nuestro Florentino Ameghino sostuvo hace casi un siglo que los americanos anteriores al descubrimiento eran productos autóctonos; no vinieron de ningún lado; surgieron aquí, precisamente en las cercanías del Río de la Plata. Esta opinión ha sido desestimada y la mayoría de los antropólogos y arqueólogos modernos se inclina por la idea de que el poblamiento del continente se inició a través del estrecho de Behring, cuando Alaska se encontraba unida a Siberia antes que la última glaciación rompiera este puente natural.

Puede ser que haya sido así: que en una milenaria peregrinación hacia el sur en busca de climas más cálidos, los que venían desde el extremo asiático hayan terminado por poblar las tres Américas. Otros científicos piensan que los inmigrantes vinieron a través del Océano Pacífico desde la Polinesia o aun más lejos; por cierto existen algunos elementos culturales similares entre esas civilizaciones y algunos arcaicos horizontes del Perú y Ecuador. Pero la pura verdad es que todavía no existe una certeza sobre el origen del hombre americano. Se ha avanzado mucho en la tarea de despejar esta incógnita, pero el interrogante que se plantearon los europeos de mediados del siglo XVI, hoy, a fines del siglo XX, todavía no tiene una respuesta.

Entre tanto, lo que sí puede establecerse con certeza es la asombrosa diversidad de los pueblos que habitaban este continente a fines del siglo XV. Es posible que hayan tenido un origen común, pero saltan a la vista las diferencias físicas y culturales de los nativos de distintas regiones: ¿en qué se parece un sioux aun aymara, un araucano a un caribe? Entonces, ¿una sola etnia originaria diversificada a través de miles de años por la influencia del clima, la alimentación, el condicionamiento de sus cambiantes circunstancias? ¿O varias razas, vagamente asiáticas, que llegaron por distintos caminos? Cuando el tiempo transcurre en términos de milenios, cualquier aparición, cualquier transformación y también cualquier desaparición es posible. En la América prehistórica hubo, por ejemplo, un tipo de caballo extinguido muchísimo tiempo antes del descubrimiento, además de gliptodontes, megaterios y otros "monstruos". En algún momento cesaron de existir, por causas desconocidas. Este es otro enigma que se suma al gran enigma del poblamiento de nuestro continente.

Y es así como nosotros, argentinos, al igual que el resto de los americanos, no podemos saber de dónde llegaron nuestros remotos antepasados...

II

Como es natural, estos temas no preocupaban a los primeros descubridores y conquistadores. Para ellos, los indios se dividían en amigos o enemigos; y también, en gente que tenía oro y gente que no lo tenía.

Cuando empezaron a reconocer las regiones de las Antillas y sus cercanías, los españoles sólo encontraron nativos muy primitivos, carentes de una organización política y social definida. Pero en 1519 Hernán Cortés desembarca en Veracruz y entonces va apareciendo en todo su esplendor una de las más asombrosas civilizaciones americanas: el Imperio Azteca.

Está probado que la meseta mexicana ya estaba poblada en los comienzos de la era cristiana. Pocos siglos después fue escenario de una cultura que dejó como admirable testimonio de su grandeza la ciudad de Teotihuacán, a pocos kilómetros de la actual capital mexicana, con sus enormes pirámides, sus grandes avenidas, sus templos. Poco se sabe de aquella civilización, que declinó inexplicablemente hacia el siglo X. Un pueblo semilegendario, el de los toltecas, ocupó entonces el espacio vacante: ellos habrían introducido el calendario, los signos gráficos y los elementos básicos del culto a Quetzalcóatl, el dios civilizador. Fueron los toltecas quienes construyeron la ciudad de Tula, cuyas magníficas esculturas pueden admirarse todavía.

Pero estas culturas ya habían desaparecido siglos

atrás cuando llegó Cortés. El imperio que encontró fue el de los aztecas, un pueblo que habría venido en una secular caminata desde el noroeste de la actual República de México y que en 1325 se estableció en el lago de Texcoco, fundando la ciudad de Tenochtitlán en el hoy Distrito Federal mexicano. Sus sacerdotes los habían guiado en su larga marcha prediciendo que debían afincarse donde un águila se posara en un nopal, y cuando la profecía se realizó, quedaron allí definitivamente. En verdad, era un lugar privilegiado por su ubicación geográfica, su clima, la fertilidad del suelo y el enorme lago que se extendía al lado de la nueva urbe. En pocos siglos los aztecas sometieron a los pueblos de toda la región, crearon una confederación y elaboraron una civilización cuyo refinamiento asombró a los españoles. Contaban con una escritura jeroglífica, eran hábiles comerciantes y delicados artesanos: a ellos debemos el conocimiento del maíz, el chocolate, el tomate y hasta el tabaco.

El sistema político azteca se basaba en una rígida organización social, con castas definidas y clanes diferenciados, todos sometidos a la autoridad absoluta de un monarca hereditario. En el momento de la llegada de los españoles reinaba Moctezuma, el noveno monarca de la dinastía reinante.

El arribo de Cortés a Tenochtitlán significó, nada más y nada menos, el primer encuentro de la civilización europea con otra que no le era inferior en esplendor, organización y producción; e incluso la aventajaba en muchos aspectos. Una civilización totalmente desconocida hasta entonces. Países como la India, la China o el Japón eran remotos para los europeos de principios del siglo XVI, pero aunque llegar a ellos fuera difícil, se sabía de su existencia y se conocían algunos de sus productos. El caso del Imperio Azteca fue diferente porque nada se sabía de él con anterioridad. Y hay que señalar que, además de las enormes y múltiples consecuencias que aparejó el contacto con el Imperio Azteca y su posterior conquista, el hecho fue muy importante por su repercusión en la corte española. En las primeras décadas posteriores al descubrimiento, la realidad americana había resultado hasta cierto punto decepcionante por las escasas riquezas que se encontraron. La aparición repentina de ese imperio deslumbrador que se extendía sobre la meseta mexicana reanimó la vocación descubridora y conquistadora de los españoles. Quedaba demostrado que los nativos del Nuevo Mundo no eran solamente las tribus primitivas de las Antillas y costas continentales cercanas; esa inmensa extensión, desconocida en su mayor parte, todavía podía brindar asombrosas sorpresas, premios inimaginables.

En cambio, los españoles sólo conocieron muy indirectamente el mundo maya, que en su momento ocupó cuatro estados de la actual República de México, además de Guatemala y una parte de Honduras. Esta civilización, avanzadísima en astronomía y cuya influencia sobre los aztecas es comparable a la que ejercieron los griegos sobre los romanos, floreció hacia el siglo V de la era cristiana, se derrumbó después y revivió en Yucatán en el siglo X. Fue entonces cuando se construyeron los grandes templos de Chichen-Itzá y Uxmal, entre otros. Pero hacia mediados del siglo XV, poco antes del primer viaje de Colón, la anarquía había arrasado su organización política y social, y cuando los hombres de Cortés llegaron a Yucatán, las pirámides y canchas rituales de pelota habían sido devoradas por la selva y recién fueron redescubiertas en el siglo XIX, aunque subsistían hasta entonces algunas de sus tradiciones y su lenguaje.

Hubo en el Nuevo Mundo otras civilizaciones notables, pero nosotros sólo señalaremos la enorme diversidad de la gente y sus expresiones culturales en el nuevo continente. Y queremos particularizar las noticias sobre una alta civilización que se relaciona con nosotros, los argentinos, puesto que el Imperio Incaico abarcó regiones de nuestro Noroeste y probablemente Cuyo. En el resto del actual territorio argentino los aborígenes no habían alcanzado altos estadios culturales cuando llegaron los españoles, pero el Tahuantisuyu, en cambio, el Incario, ofreció el espectáculo de un Estado tremendamente eficiente que había logrado montar una organización política y social muy original y, en muchos sentidos, muy exitosa.

En realidad, el Imperio Incaico fue la culminación de un largo proceso que tuvo como marco geográfico el enorme territorio que se extiende desde Chile, al Sur, hasta Ecuador, al Norte, y desde las selvas amazónicas al Este, sobre el flanco oriental de los Andes, a la orilla del océano Pacífico. Abarcaba casi la totalidad de la cordillera andina, la costa, los valles transversales, las mesetas y los desiertos de esa extensísima área ocupada hoy por cinco repúblicas. En ese escenario, varias civilizaciones se fueron superponiendo desde milenios antes de la era cristiana; algunas de ellas dejaron vestigios de una alfarería muy fina y delicados tejidos a cuya conservación ha contribuido el clima seco de esas regiones.

Una de aquellas civilizaciones anteriores es la que construyó hacia el siglo XI o XII de nuestra era la llamada "Puerta del Sol" en Tiahuanaco, sobre el lago Titicaca, en la actual República de Bolivia, seguramente un centro religioso. Poco antes o poco después de la construcción de este magnífico templo, una tribu, la de los incas, entra en escena con una notable vocación de conquista del enorme territorio que se ha dicho. Y a mediados del siglo XV, cien años antes de la llegada de Pizarro, el inteligente esfuerzo de los doce monarcas sucedidos desde la implantación de la dinastía incaica había creado el más grande imperio de América del Sur.

El Tahuantisuyu fue un prodigio de organización estatal. Todo estaba centralizado en la ciudad imperial de Cuzco: la monarquía, la burocracia civil y religiosa, las instituciones donde se formaban las clases dirigentes. Los incas lograron crear una organización social que evitaba la indigencia, determinando rigurosamente las tareas de cada súbdito a través de medios de producción de propiedad pública. Fueron los ingenieros de caminos más audaces que haya conocido el mundo desde la época romana. Después de conquistar un pueblo, convertían a los dirigentes vencidos en administradores del mismo, controlados por funcionarios que mantenían informado al emperador de todo lo que ocurría en las cuatro Marcas del imperio. El alimento básico del pueblo era el maíz y las papas, que cultivaban en plataformas aptas para riego. Obtuvieron bellezas con sus tejidos de lana de vicuñas, llamas y alpacas. Su religión era menos cruel que la de los aztecas, aunque ocasionalmente había sacrificios humanos, pero el sol y la luna eran divinidades benéficas. Hacia fines del siglo XV el gran Huayna Capac presidía ese imperio próspero y ordenado que se extendía a lo largo de casi 5.000

kilómetros en el costado oeste de América del Sur.

Los imperios azteca e inca no tuvieron contacto entre ellos; no se conocieron. Pero presentan algunos aspectos curiosamente similares. Ambos fueron precedidos por culturas cuyos horizontes brillaron y languidecieron a lo largo de varios siglos, transmitiendo a las que seguían algunas de sus tradiciones y modos de expresión artística. Ambos imperios tuvieron como antecedente más o menos inmediato una gran civilización de fuerte tono religioso: Teotihuacán en México y Tiahuanaco en el Perú. Tanto los aztecas como los incas montaron una estructura política muy centralizada, basada en la conquista sistemática y expresada mediante construcciones monumentales. Ambos se fundaban en una monarquía absoluta apoyada en una oligarquía rígida y una clase sacerdotal muy influyente, y lograron elaborar un ordenamiento social relativamente pacífico y equitativo. Pero ninguno de los dos imperios conoció la utilidad de la rueda, ni trabajó los metales con la aptitud necesaria para contar con una metalurgia adecuada, ni alcanzó a inventar la escritura alfabética. Los dos imperios llegaron a su plenitud en vísperas de la llegada de los españoles y tanto los aztecas como los incas revelaron una sorprendente incapacidad para resistir la agresión externa, entregándose en un lapso muy corto a sus conquistadores.

Fueron conquistas fáciles porque ambos Estados crearon una sociedad modelada sobre hábitos de trabajo, disciplina social y producción colectiva; cuando el poder español se apoderó de sus superestructuras políticas, también dominó sin mayor resistencia la estructura social. En realidad, lo que mudó fue solamente el signo de la dominación. En cambio, en otros pueblos aborígenes los españoles encontraron una pluralidad de comportamientos porque las diferentes etnias tenían organizaciones prepolíticas, sin una autoridad central: el sometimiento de una tribu no aparejaba el de las otras. Esta circunstancia explica las distintas respuestas de diferentes naciones indias en el actual territorio argentino, desde la rápida sumisión de los huarpes cuyanos a la resistencia de los calchaquíes o la hostilidad permanente de las tribus pampeanas.

Una puntualización más para ayudar a explicar la relativa facilidad de la conquista de los grandes imperios americanos. En vísperas de la llegada de los españoles aparecieron, tanto en México como en Perú, profecías y presagios, prodigios y presentimientos que vaticinaban el próximo arribo de dioses extraños o dioses antiguos que volvían a recuperar su poder o invasores que arrasarían los esplendores imperiales. ¿Casualidad? ¿Fatalidad histórica? Estas premoniciones, que derrotaron espiritualmente a los nativos antes de la llegada de los conquistadores, constituyen otro enigma americano. Un enigma que coloca a los habitantes prehispánicos del Nuevo Mundo de cara a los que llegaron desde el otro lado del océano: los españoles.

III

Los españoles que llevaron a cabo el proceso de la conquista fueron sorprendentemente pocos. Casi todos eran muy jóvenes y prácticamente no hubo entre ellos vascos, gallegos, aragoneses o catalanes; eran, en general, castellanos, extremeños y andaluces, es decir que procedían de regiones de la península comprometidas desde ocho siglos atrás con la Reconquista, la larga lucha contra los moros. Tenían, pues, un espíritu de cruzada que al agotarse con la toma de Granada, en 1492, continuó proyectándose sobre el continente descubierto ese mismo año. Este hecho es básico para entender el sentido de la conquista de América, que reconoció entre sus ingredientes un componente religioso traducido en la vocación de convertir a los indios al cristianismo y hacerse responsable de su salvación eterna. Y hay otro aspecto que también debe tenerse en cuenta: cuando Hernán Cortés, el primer conquistador en gran escala, desembarca en las costas mexicanas en 1519, Carlos, rey de España, ya había sido elegido emperador de Alemania. Los españoles sentían, en consecuencia, un enorme orgullo al saberse súbditos del monarca más poderoso del mundo, y este sentimiento también actuó como un motor que impulsó la dinámica conquistadora.

He aquí, entonces, el perfil de este descomunal encuentro, que no tiene parangón en la historia de la humanidad. Indios y españoles, españoles e indios, son extraños y ajenos los unos a los otros. No se entienden ni en el lenguaje ni en el pensamiento ni en su modo de concebir la idea de la divinidad, la relación con la naturaleza ni mucho menos las eventuales relaciones entre ellos. Tienen costumbres diferentes, indumentaria distinta, alimentación y modos de vida cotidiana diversos. Son dos mundos extraños y contradictorios. En algunos casos, el mundo nuevo que encuentran los españoles es admirable por su opulencia y organización; otras veces, la realidad es primitiva y salvaje. De cualquier modo, los representantes de ambos universos son seres humanos, que al menos tienen en común la naturaleza humana, aunque a veces se tarde en reconocer esta evidencia. Y será la condición humana la base de las fusiones y mezclas que habrán de darse a lo largo del tiempo, cuando concluya la etapa bélica y comience el período más fructífero y pacífico de la colonización.

Dijimos que al principio se tardó en reconocer la naturaleza humana de quienes formaban los dos mundos enfrentados en el escenario americano. Muchos indios creyeron que los españoles eran divinidades: en México suponían que eran la reencarnación de Quetzalcóatl, el dios que después de haber enseñado las artes y las ciencias a su pueblo se había alejado por el mar hacia el Naciente y ahora retornaba, él o sus herederos, para tomar lo que era suyo; a su vez, en el Perú los tuvieron como Viracochas, semidioses, y se asombraban de que los rostros de los invasores lucieran barbas. Además, en ambos imperios, los caballos y sus jinetes fueron vistos como un solo animal, monstruoso y temible.

Garcilaso de la Vega, en su *Historia de la Con-*

quista de la Florida, registra una anécdota muy reveladora sobre este tema. Cuenta que Hernando de Soto, en sus andanzas por lo que hoy es el sur de Estados Unidos, se encontraba conversando con un cacique y sus capitanes, y rodeado por sus compañeros. De pronto, el cacique suelta un gran estornudo. Inmediatamente, aborígenes y españoles empezaron a mover las manos diciendo, cada cual en su idioma, expresiones como "Bendito sea Dios", "Dios te ampare", "Que tengas, salud", "Que el Sol te salve de todo mal", etc. Entonces De Soto se volvió hacia los suyos y dijo: "Ved, señores, como todo el mundo es uno... Todo el mundo es uno...". A través de la reacción universal frente a un simple estornudo, la comprensión de la esencial unidad del género humano quedaba así evidenciada...

Pero también los españoles tardaron algunos años en reconocer a los aborígenes como seres humanos, y fue necesario que una bula papal así lo afirmara. De todos modos, la circunstancia que teñía al descubrimiento con una significación llena de implicancias de toda clase, era la existencia de nativos en el Nuevo Mundo. Si eran realmente hombres, ¿qué hacer con ellos? ¿Había obligación de bautizarlos? ¿Había derecho a hacerles guerra, arrebatarles sus bienes o esclavizarlos? En honor de España, se debe decir que durante el período de la conquista algunos de sus pensadores más importantes se plantearon hondas dudas sobre la legitimidad de la misma, una reflexión que ningún pueblo en similares condiciones se planteó jamás. Y tanto los Reyes Católicos como Carlos V, durante cuyo reinado se llevó a cabo la mayor parte de la conquista, adoptaron disposiciones legales para proteger a los indios.

Inició esta línea Isabel la Católica cuando mandó poner en libertad y repatriar a los indios que Colón había llevado a España en su primer viaje. En 1512 se sancionaron las *Leyes de Burgos* con previsiones humanitarias sobre el trato que debía darse a los aborígenes. En 1530, el gran teólogo Francisco de Vitoria publica en Salamanca sus *Lecciones sobre las Indias,* donde puntualiza los casos estrictos que autorizan a iniciar una guerra justa contra los nativos. En 1542 el obispo Bartolomé de las Casas publica su *Brevísima relación de la destrucción de Indias,* una conmovedora denuncia contra los encomenderos que explotan a los indios y sobre la creciente despoblación de los nuevos territorios americanos. En 1550 una asamblea de juristas, filósofos y teólogos debate en Valladolid el derecho de España a adueñarse de las nuevas tierras allende el océano. Ocho años antes se habían dictado las *Leyes Nuevas* para el gobierno de Indias.

Naturalmente, no todas estas reflexiones y medidas legales se tradujeron en hechos. Las buenas intenciones de la Corona y la lucha de muchos intelectuales fueron desvirtuadas en no pocas ocasiones por la codicia, la ambición, la crueldad. Esto ha ocurrido en todas las épocas en situaciones similares, pero son un timbre de honor de la nación española tanto sus vacilaciones sobre el derecho que le asistiría a conquistar el nuevo mundo, como su preocupación para que los indios recibieran un trato decente.

Pero el encuentro trascendental entre españoles e indios, entre dominadores y dominados, entre blancos y cobrizos, no vino por la vía de las normas legales sino a través de esa naturaleza humana que era común a unos y otros. Fue el amor, el sexo, la carne, fue una poderosa moción de vida la que llevó a los recién llegados a convivir con las mujeres aborígenes, y el fruto de estas uniones fue un continente mestizo, es decir, mixto, mixturado en la sangre y en la piel a través de un fenómeno humano del cual somos herederos.

La mezcla fue facilitada por la circunstancia de que la sociedad española también estaba compuesta de cepas muy diversas y por las características físicas de las razas enfrentadas. Los rasgos de los aborígenes no resultaban chocantes, en general, a los ojos de los españoles; el color de su piel no se diferenciaba mucho del cutis aceitunado de los habitantes del sur de la península, y tampoco diferían en estatura, más bien baja en la mayor parte del nuevo continente. Los españoles no encontraron en América seres humanos tan distintos y exóticos como los que verían en África, China o el archipiélago malayo. Más tarde, cuando los indios de las regiones más hispanizadas fueron asimilándose a los modos de vida de los blancos y adoptaron su indumentaria o copiaron su aspecto personal, muchos pudieron pasar por españoles. Más aun: algunas etnias como los mayas o los guaraní tenían facciones que podían llegar a ser muy hermosas, y así lo reconocieron los cronistas. Fue natural, entonces, la aproximación de los españoles (casi siempre solteros, casi siempre jóvenes) con las mujeres aborígenes, y esto ocurrió desde el comienzo.

A su vez, los españoles venían de distintas regiones de la península y sus rasgos, por lo tanto, no eran uniformes. Es muy difícil establecer el fenotipo de los conquistadores y los primeros pobladores porque, salvo el caso de los adalides, no existen descripciones ni mucho menos retratos de ellos. Sin embargo, algunas listas de soldados (el "alarde") permiten hacer un somero *identikit* de los integrantes de las huestes; es sorprendente el porcentaje relativamente alto de "barbitaheños" o "bermejos", es decir, pelirrojos. Probablemente serían oriundos de Castilla, donde el tipo rubio es más común que en Extremadura y Andalucía, comarcas donde predomina el tono moreno. Precisamente "moreno" viene de "moro"; aunque la lucha contra los moros hubiera sido un motor fundamental de la formación nacional española, es indudable que además de sus antepasados celtíberos, romanos y godos, los oriundos de Extremadura y Andalucía debían albergar en sus genes no pocas reminiscencias raciales arábigas y moriscas... Que desde luego pasaron al nuevo continente y se mezclaron con las razas nativas en esa poderosa aproximación carnal que es una de las características más netas del poblamiento.

IV

Fueron escasas las mujeres españolas que vinieron al nuevo continente durante el primer medio siglo a partir del descubrimiento. Las uniones entre españoles e indias fueron, pues, algo inevitable, y bien pronto generaciones de mestizos empezaron a poblar América con su ambigua condición de hijos de conquistadores y conquistadas. Recién en la segunda mitad del siglo XVI, españolas en número creciente empezaron a aventurarse en la incómoda y peligrosa travesía del Atlántico, a veces para reunirse con sus maridos (a quienes quizás no veían desde hacía muchísimos años) o a buscar un buen casamiento.

La corona prohibía que hombres casados pasaran a Indias sin sus mujeres, y conminaba a quienes lo habían hecho a que las trajeran. En algunas oportunidades facilitó el traslado de niñas casaderas para que desposaran a los conquistadores o sus hijos. Tal fue el pintoresco caso de doña Mencía Calderón.

Sucedía que en Asunción del Paraguay, a poco de fundada la ciudad por Irala, las uniones de españoles y aborígenes eran muy numerosas. Faltaban doncellas peninsulares y cada español disponía de ocho o diez nativas, por lo menos, ya que sus padres y hermanos las ponían a disposición de los recién llegados creyendo urdir así útiles relaciones de parentesco. Cuando las denuncias de los sacerdotes sobre este "Paraíso de Mahoma" menudearon en España, la

Corona apoyó el envío de muchachas solteras y así fue como aprobó la solicitud de doña Mencía Calderón, una dama nacida en 1514 en Medellín, casada con Juan de Sanabria, designado adelantado del Río de la Plata, para venir con un buen lote de mujeres casaderas. En 1549 doña Mencía zarpó con su cortejo mujeril, unas 50 doncellas; pero ella misma también estaba disponible, pues había enviudado. La femenina compañía sufrió toda clase de inconvenientes y hasta un ataque de piratas franceses que les robaron sus pertenencias aunque (según ellas aseguraron después) respetaron su virtud... Después de muchas peripecias alcanzaron las costas del Brasil en Santa Catarina, y sus naves quedaron destruidas.

Era jurisdicción portuguesa y el gobernador retuvo galantemente a las náufragas hasta que finalmente la enérgica doña Mencía resolvió dirigirse a Asunción a pie, sin esperar las embarcaciones que, se suponía, venían a buscarlas desde allí. Cinco meses tardaron en recorrer el itinerario, que entre otras cosas les brindó el espectáculo de las Cataratas del Iguazú, recién descubiertas. Finalmente arribaron a Asunción, fueron recibidas con alborozo (suponemos) por los españoles, y todas fueron casándose a su debido tiempo. Dos de las hijas de doña Mencía fueron madres ilustres: una de Hernando Arias de Saavedra, Hernandarias, el gran criollo que fue tres veces gobernador del Río de la Plata, una de las figuras más interesantes de la época. El otro nieto fue fray Hernando de Trejo, obispo del Tucumán y fundador de la Universidad de Córdoba.

La personalidad de doña Mencía Calderón configura todo un arquetipo. Mujer fuerte y entera, capaz de sobrellevar sufrimientos y penurias, será la que tendrá a su cargo la importantísima tarea de transmitir a hijos y nietos la cultura originaria: las palabras, las actitudes, la indumentaria, la gastronomía, las tradiciones y leyendas, las ceremonias y los ritos, el sentido del honor, todo aquello, en fin, que debía mantener la identidad de los españoles y sus descendientes en medio de la inmensidad de las nuevas tierras y de la presión silenciosa de los aborígenes que los rodeaban. Pues los hijos de españoles seguían considerándose españoles, pero imperceptiblemente la realidad americana penetraba en sus espíritus y en su piel con obstinación cotidiana. Sin saberlo, se estaban convirtiendo en criollos, una especie nueva que no eran españoles ni indios pero bebían de las dos vertientes que los alimentaba.

Doña Mencía Calderón no es el único arquetipo de la mujer de la conquista. También lo es Lucía Miranda, aunque este personaje no tuvo, probablemente, existencia real: fue imaginada por Ruy Díaz de Guzmán, el primer cronista de estas tierras, nieto de Irala y de una de sus nueve esposas indias. En su libro *La Argentina*, escrito en 1612 aunque publicado recién dos siglos después, Díaz de Guzmán relata la historia de la esposa de uno de los soldados de Sebastián Gaboto, que habría sido raptada por el cacique Mangoré y su hermano Siripo en el fuerte Sancti Spiritu, provocando una tragedia de amor y celos que clausuró abruptamente la fundación española establecida en la ribera del río Paraná. El episodio fue obra de la imaginación pero fue repetido por historiadores jesuitas e inspiró en 1785 la primera obra teatral argentina, escrita por Manuel José de Lavardén. Pero importa poco que Lucía Miranda no haya existido nunca. El personaje se identifica con el mito de la cautiva, la mujer blanca robada por los indios que termina por ser madre y vive dividida entre el apego por su mundo originario y su amor por el hombre con quien vive, habitante de otro mundo mucho más primitivo. Se trata de un arquetipo que aparece recurrentemente en nuestra historia (Mansilla alude varias veces a casos similares) y que sólo desaparecerá con la conquista del desierto, en 1879. Es una forma más, en suma, de la confluencia de sangres que define uno de los signos más profundos del poblamiento del nuevo continente.

Aquí podría terminar este capítulo, dedicado a la gente americana y en especial, argentina, porque la confluencia originaria, la mezcla de sangres de la que descendemos es la que hemos descripto. Pero estas reflexiones quedarían incompletas si no aludiéramos, aunque sea someramente, a otros aportes que han contribuido a modelar el tipo humano de nuestro país. Empezando por una inmigración involuntaria, compulsiva, que lo modificó profundamente desde el siglo XVIII: la de los negros.

Hasta entonces, la gente que vino al actual territorio argentino –como en general a toda la América poblada por España– lo hizo voluntariamente. No hubo exilios forzosos ni se mandaron a penados como pobladores, tal como ocurría contemporáneamente en las colonias británicas del Norte del continente y más tarde, en Australia. Primero los conquistadores, después los que buscaban en el Nuevo Mundo una vida mejor que la de España, los funcionarios reales, los religiosos, los comerciantes, todos vinieron porque quisieron. Más aún, algunos quisieron venir y no pudieron, como fue el caso de Cervantes, a quien se le negó el permiso correspondiente. Pero he aquí que en el siglo XVII y más copiosamente en el siguiente, llega una gran cantidad de negros africanos, traídos a la fuerza como mano de obra gratuita.

Se calcula que entre 30.000 y 50.000 negros, provenientes de diversas regiones de África, fueron importados al actual territorio argentino. Algunos quedaron en Buenos Aires y sus alrededores, otros fueron enviados al interior, donde había avidez por esta fuerza de trabajo que reemplazaría a los indios, ya muy diezmados, y en todos lados se reprodujeron con tanto vigor que en pocas décadas a partir de 1720 –cuando la South Sea Co. instala su factoría en la ciudad porteña– llegaron a constituir más de la mitad de la población de algunas ciudades del actual territorio de nuestro país.

Los negros trajeron su natural bondad, su alegría, sus ritmos innatos e inextinguibles, sus lenguajes, sus tradiciones, su nostalgia, sus ancestrales supersticiones. Generalmente, fueron bien tratados. En esta parte de América no había explotaciones intensivas como las *fazendas* brasileñas o las *plantations* de las colonias inglesas y antillanas. No pocos obtuvieron su libertad comprándosela a sus amos y, al mejorar su status, se fueron blanqueando, mezclándose con criollos pobres y con mestizos. La Asamblea de 1813 decretó la libertad de todos los que nacieran de padres esclavos y prohibió el comercio negrero. Las guerras de la Independencia brindaron a muchos la oportunidad de convertirse en libertos sirviendo en los ejércitos patrios, y algunos hicieron brillantes carreras militares.

Muchos murieron en batalla y además, como seguían siendo pobres, eran presa fácil de epidemias y pestes de toda clase. Así fueron desapareciendo progresivamente, sin masacres ni catástrofes biológicas. Pero aquellos africanos y sus descendientes mulatos colorean el tipo de nuestra gente: aunque sea difícil encontrar hoy negros puros originarios del país, su legado está a la vista. En la gran mixtura humana que puebla la Argentina, el aporte negro fue forzado, al igual que en toda América, pero esta circunstancia se dulcificó con un trato decente. Tal vez el Moreno que se enfrenta con Martín Fierro en la célebre payada es la mejor expresión de esos negros llenos de gracia y dignidad que nuestros abuelos recordaban con afecto y simpatía.

V

Finalmente, echemos un vistazo sobre las grandes inmigraciones del siglo XIX. Recordemos que el Río de la Plata fue una comarca atractiva para los europeos desde siempre; su clima, sus posibilidades económicas, la buena disposición de sus habitantes frente al extranjero le prestaban un especial encanto. Pero recién en la segunda mitad del siglo pasado se dio en plenitud el fenómeno de las inmigraciones masivas, al amparo de la organización constitucional y de las especiales condiciones del mundo de la época. Es entonces cuando vienen italianos en proporciones por momentos mayoritarias; de España llegan gallegos, sobre todo, pero también vascos, catalanes y de todas las provincias. Hacia finales del siglo y principios del actual empiezan a desembarcar árabes y sirios, judíos rusos o polacos, además de los contingentes nacionales de casi toda Europa.

Fueron estos inmigrantes los que protagonizaron la "era aluvional", como la llamaría José Luis Romero. Es imposible entender a la Argentina moderna si no se tienen en cuenta estos aportes, enormes en número, que en algún momento llegaron a componer más de la mitad de la población de la ciudad de Buenos Aires y mucho más de la mitad de Rosario. La gran inmigración completó el diseño de nuestra gente en sus rasgos físicos, su lenguaje, sus costumbres, sus hábitos de trabajo y de diversión, su alimentación, sus expresiones culturales, todo aquello, en fin, que caracteriza e identifica hoy a nuestro país. Y todavía habría otros aportes, casi contemporáneos a nosotros.

En las últimas décadas, la Argentina ha recibido inmigraciones, menores en número que las del siglo XIX, pero también significativas. Los coreanos, por ejemplo, han creado núcleos importantes por su capacidad comercial. Pero también están los americanos provenientes de países vecinos como los chilenos radicados en la Patagonia y que, en el caso de la ciudad de Comodoro Rivadavia, representan un porcentaje muy importante de la población; o bolivianos que bajan desde sus altipampas y descienden hacia el litoral conservando intactas sus tradiciones, su indumentaria y sus devociones; o paraguayos avecindados en Formosa y el Chaco donde el uso común del idioma guaraní casi los unifica con los argentinos.

Quedan atrás, en el tiempo y en la geografía, los aborígenes originarios, que son una proporción pequeña dentro del conjunto de habitantes. Una conciencia creciente sobre la necesidad de preservar su identidad cultural, sus *hábitats* propios y su capacidad creativa, ha ido imponiéndose en la opinión pública. También han quedado atrás en el tiempo los descendientes criollos de los españoles que poblaron estas tierras hace cuatro siglos: La Rioja, Catamarca, el norte de Córdoba, Santiago del Estero, Corrientes y Salta son los escenarios más importantes de estas presencias que nos remiten al pasado hispánico. Y también han quedado atrás, digeridos por la sociedad argentina, aquellos negros que en un tiempo fueron tan numerosos. Otra realidad humana crece todos los días en este país que es como una inmensa olla donde caben todos los ingredientes, donde cada elemento da su peculiar sabor al conjunto.

Pero este variopinto y movedizo paisaje humano no puede hacernos olvidar que en el comienzo mismo de nuestra aventura argentina y americana, nuestra saga nacional y continental, están los aborígenes que fueron los primitivos habitantes de este espacio desde hace varios miles de años, y los españoles que trajeron hace cinco siglos las formas de vida que florecían en su tierra. Ambas vertientes sellan nuestra iniciación como pueblo. La confluencia de ambas fuentes alimenta nuestro perfil peculiar. Detrás de nuestros días y nuestros lustros, en nuestras epopeyas y nuestros fracasos, en nuestras ilusiones y nuestras realidades late aquella marca indeleble que dejaron los indios y los españoles cuando esta Argentina nuestra no era siquiera el esbozo de un país, y América sólo una vastedad geográfica llena de enigmas.

Las Voces

SONETO.

A LA EXCELENTISSIMA SEÑORA Condeſa de Paredes, Marqueſa de la Laguna, embiandole eſtos papeles, que ſu Excelencia la pidiò, y pudo recoger Soror Iuana de muchas manos, en que eſtavan no menos divididos, que eſcondidos, como Theſoro, con otros, que no cupo en el tiempo buſcarlos, ni copiarlos.

EL Hijo, que la Eſclava ha concebido,
dize el Derecho, que le pertenece
al legitimo Dueño, que obedece
la Eſclava Madre, de quien es nacido;
El que retorna, el campo agradecido,
opimo fruto, que obediente ofrece,
es del Señor: pues ſi fecundo crece,
ſe lo debe al cultivo recibido.
Aſsi, Lyſi Divina, eſtos borrones,
que, hijos del Alma ſon, partos del pecho,
ſerà razon, que à ti te reſtituya;
Y no lo impidan ſus imperfecciones;
pues vienen à ſer tuyos de derecho
los conceptos de vn Alma, que es tan tuya.

Ama, y Señora mia, beſa los pies de V.Exc.
ſu criada

Iuana Inès de la Cruz.

A

I

–"En un lugar de la Mancha de cuyo nombre no quiero acordarme..."
–"Estos, Fabio, ¡ay dolor! que ves ahora,/campos de soledad, mustios collados..."
–"Entréme donde no supe/ no sabiendo que sabía/ toda ciencia trascendiendo..."
–"Nace el ave y con las galas/ que le dan belleza suma/ apenas es flor de pluma/ o ramillete con alas."
–"¡Ah de la vida! ¿Nadie me responde?/ Aquí de los antaños que he vivido..."

Este es el idioma que se escribía y hablaba en los tiempos en que España protagonizó el descubrimiento, la conquista y el poblamiento de nuestro continente. La misma lengua que hablamos hoy millones de hispanoparlantes de América aunque, naturalmente, en los siglos XVI y XVII el castellano presentaba diferencias con el que actualmente se escribe y se dice tanto en la península como en nuestro continente.

La lengua es lo que da personalidad y vertebración espiritual a los pueblos. Es el medio a través del cual se proyectan al mundo para expresarse, y por cuya intermediación captan lo que el mundo les ofrece y con su auxilio lo describen, lo dibujan. El proceso de formación de una lengua, por eso, es tan complejo y tan fundacional para la identidad de los pueblos como el proceso que fija sus límites, elabora su Estado o compone los valores sobre los que edificará su vida colectiva.

El pueblo de la Península Ibérica disponía hacia fines del siglo XV de una lengua noble, llena de gracia y dignidad, flexible e imponente al mismo tiempo. Era el habla que durante siglos se venía repujando en la región de Castilla, derivada del latín como otras lenguas europeas pero con características distintivas. En España existían otras lenguas: el gallego, el portugués, el catalán, el bable asturiano y hasta el misterioso vasco. Sin embargo, fue la lengua castellana la que se impuso en toda España y en consecuencia hablaban castellano quienes descubrieron, conquistaron y poblaron el nuevo continente, esas Indias enormes y desconocidas habitadas por pueblos aborígenes que, ellos también, tenían sus propios idiomas.

Los españoles que vinieron podían ser letrados, como Hernán Cortés, o semianalfabetos como Francisco Pizarro. Pero dentro del patrimonio de su lengua conocían las historias y las leyendas, las novelas y los romances, las coplas y los refranes que corrían de boca en boca desde siglos atrás en su tierra natal, en las conversaciones en aldeas y ciudades, en las casas más humildes y los castillos más encumbrados. Quien más, quien menos, todos sabían aunque sólo fuera de oídas las hazañas de Amadís de Gaula o de Tirant lo Blanc o de tantos caballeros que mantenían descomunales batallas contra gigantes y endriagos en rescate de bellas princesas cautivas. Estaban imbuidos del espíritu hazañoso y desbordado de los libros de caballería, aunque no los hubieran leído jamás. Por eso, cuando Magallanes llegó a las costas de nuestro remoto Sur, sus hombres llamaron "patagones" a sus habitantes por el gigante Patagón que figuraba en una de esas novelas; y cuando Cortés avistó Tenochtitlán sus soldados creyeron estar frente a esas ciudades de ensueño que describían aquellos libros. Y no sólo novelas: el patrimonio de su lengua incluía poesía, coplas que habrían escuchado en las fiestas patronales de sus aldeas o en la voz solitaria de algún anónimo cantor; y también romances, aquellos que transmitían de generación en generación la gesta del Cid Campeador, de los Siete Infantes de Lara o las guerras contra los moros entre asuntos de amores, desdichas, olvidos e ilusiones.

Ciertamente, podemos imaginar a esos soldados rústicos en los descansos de sus épicas marchas, escuchando de alguno de sus camaradas:

"¡Abenámar, Abenámar,
moro de la morería,
el día que tú naciste
grandes señales había!
Estaba la mar en calma,
la luna estaba crecida;
moro que en tal signo crece
no debe decir mentira..."

"A cazar va el caballero,
a cazar como solía,
los perros lleva cansados,
el halcón perdido había;
andando se le hizo noche
en una oscura montiña..."

"Quién hubiera tal ventura
sobre las aguas del mar
como hubo el Infante Arnaldos
la mañana de San Juan...
Por tu vida, el marinero,
dígasme ora ese cantar
Respondióle el marinero,
tal respuesta le fue a dar:
–yo no digo mi canción
sino a quien conmigo va..."

"Ya cabalga Diego Ordóñez,
ya del real había salido
armado de piezas dobles
sobre un caballo morcillo
Va a retar los zamoranos
por muerte del rey su primo..."

Hagamos ahora un salto en el tiempo y el espacio. Instalémonos por un momento en la década de 1930 y la siguiente, en alguna de las provincias del Norte y el Noroeste argentino. Un hombre muy gordo recorre esos caminos en un desvencijado automóvil metiéndose en las entrañas de La Rioja, de Catamarca, de Tucumán, de Santiago del Estero. A veces anda a caballo o en mula. Baja en los ranchos, acepta los mates que le ofrecen, conversa con la gente y con infinita paciencia les explica lo que quiere. Después escucha atentamente –y anota– lo que le cuentan los más viejos. ¿Qué le cuentan? Coplas, romances, décimas, letrillas que se vienen repitiendo de generación en generación, que hablan de amores y desdenes, de ilusiones y olvidos. A veces tienen una intención picaresca, a veces un tono jactancioso y fantástico.

"Estaba la Margarita
sentada bajo un laurel
con los pies en la frescura
viendo las aguas correr
de pronto pasó un soldado
y lo hizo detener..."

"Joyita pishpita
tu realito soy
recauda tus prendas
que al alba me voy..."

"Lloro al alba por mirarte
sale el sol y me entristece
porque quisiera adorarte
desde que el día amanece
Desde que el día amanece
yo sueño que te estoy viendo
y estoy de noche y de día
a todas horas muriendo
A todas horas muriendo
sin tener ningún consuelo
pues la flor que ando queriendo
se marchitó con el hielo..."

"Ayer me dijiste que hoy,
hoy me dices que mañana
mañana yo te diré
ya se me han pasao las ganas..."

"Siete leguas he recorrido
niña por venirte a ver
con mi caballo rendido

y mi persona también
Dame un jarro de agua, niña,
que vengo muerto de sed..."

El hombre que recopiló y salvó para siempre estas y muchas otras joyas de nuestro cancionero nativo fue Juan Alfonso Carrizo. Durante años de peregrinaciones por las comarcas más tradicionales del país fue recogiendo miles de cantares y descubrió que buena parte de ellos no eran otra cosa que el legado del Siglo de Oro español, la flor de la poesía popular de la península, una heredad de gracia y belleza vivificada y enriquecida en nuestro paisaje con palabras que la gente común venía repitiendo de siglo en siglo.

En esta aproximación a la lengua que es parte de la herencia hispana, parece una obligación de gratitud recordar a este insigne catamarqueño, iniciador de las investigaciones sobre las raíces seculares de nuestro cancionero.

II

Cuando los españoles empezaron a descubrir las comarcas del nuevo continente, se toparon con pueblos aborígenes con distintos niveles de cultura y también, con idiomas muy diferentes: los lingüistas afirman que en el continente americano existieron –y en parte siguen existiendo– más de 2000 lenguajes originales. De modo que el contacto entre el mundo hispano y el mundo indígena tropezó desde el comienzo con el problema de la incomunicación.

En el actual territorio argentino había idiomas que nada tenían que ver entre sí. Estaban por ejemplo, los numerosos pueblos que hablaban guaraní, relativamente fácil de aprender para quien pusiera empeño en la tarea. El padre jesuita José Cardiel decía a mediados del siglo XVIII que se admiraba "de hallar en esta lengua, majestad y energía" y agregaba que "no cede en nobleza y armonía a ninguna de las lenguas que sé".

Pero la gran familia guaraní, que incluía a los tupís, reconocía subgrupos, dialectos diríamos, que eran mucho más arduos. Otro jesuita, el padre Pedro Lozano, refiriéndose a los caiguaes que habitaban las actuales provincias de Corrientes y Misiones, aseguraba que "usan un lenguaje propio difícil de aprender porque al hablar más parece que silban o hacen algún murmullo dentro de la garganta, que no forman voces". Es de señalar que fueron precisamente los jesuitas quienes mejor dominaron el idioma de los guaraní; ya en 1639 apareció el *Tesoro de la Lengua Guaraní* del padre Antonio Ruiz de Montoya, y al año siguiente el *Vocabulario de la Lengua Guaraní*. En las Misiones Jesuíticas sólo se hablaba guaraní y los sacerdotes que estaban a cargo de los establecimientos aprendían previamente el lenguaje de los indios, que muchos llegaron a hablar a la perfección.

Los matacos del Chaco, en cambio, se comunicaban en un idioma muy duro y de difícil pronunciación. El padre José Aráoz, también jesuita, escribió una gramática y un vocabulario en el idioma de este pueblo que, como los tobas, los mocovíes, los abipones y los chiriguanos, también disponía de lenguajes propios, verdaderamente endiablados para los españoles. El padre Florian Paucke, austríaco, que pasó muchos años en el Chaco, aseguraba que "apenas si se entiende una sílaba o una letra de ellas cuando conversan" y más bien parece "graznido de gansos o de otros animales". Dice también que los mocovíes y los abipones nunca conversaban en voz alta sino entre dientes, y no pronunciaban claramente las letras o sílabas porque se las tragaban. Sin embargo, el padre Alonso de Barzana escribió un *Arte y Vocabulario de la Lengua Toba*.

En cambio, fue relativamente más fácil la comunicación de los españoles con los aborígenes del actual noroeste argentino. Aquí existían por lo menos tres etnias muy diferenciadas: los omaguacas, los atacamas y los diaguitas. Estos fueron los más numerosos y conocidos; habitaban los valles que hoy llamamos "calchaquíes" y la región adyacente. Los diaguitas hablaban el cacán, que según el padre Nicolás del Techo era una lengua "sobremanera enrevesada y difícil, y tan gutural que parece que no se instituyó parar salir a los labios". Ante semejante obstáculo, los españoles recurrieron a un procedimiento muy original.

Como la zona del actual Noroeste había sido conquistada por los incas poco antes de la llegada de los españoles, algunos caciques diaguitas eran llevados al Cuzco y allí aprendieron el quechua, como solía hacerse con los pueblos sometidos al poder imperial. Entonces los doctrineros españoles aprovecharon esta circunstancia para difundir el quechua entre los diaguitas, dejando que el cacán se fuera olvidando. Predicaron en quechua, idioma que les resultaba relativamente familiar, y ya hacia fines del siglo XVI la "lengua general del Perú", como se la llamaba, había desplazado el idioma original. Fue así como el quechua se convirtió en la *lingua franca* de estas comarcas; hoy, sigue reinando en Santiago del Estero, donde se lo cultiva con justificado amor.

Sin embargo, en esta diversidad de lenguas y en las que se hablaron en otras regiones argentinas, no parecen haber existido tradiciones literarias significativas. No han sobrevivido poesías u otro género de manifestaciones basadas en un manejo más refinado del idioma. No es, por cierto, el caso de las grandes culturas indígenas preexistentes a la llegada de los españoles. Tanto entre los aztecas como entre los incas florecieron poetas, anónimos en su mayoría, algunas de cuyas composiciones se han salvado. Hay manuscritos en la Biblioteca Nacional de México que reproducen docenas de poesías en idioma náhuatl, algunas de tono íntimo y melancólico que se refieren a la fugacidad de la vida con palabras que podrían haber sido escritas por Jorge Manrique:

"¿Así que he de irme cual flores que fenecen?
¿Nada será mi nombre alguna vez?
¿Nada dejaré en pos de mí en la tierra?
Al menos flores, al menos cantos...
¿Cómo ha de obrar mi corazón?
¿Acaso en vano venimos a vivir, a brotar en la tierra?"

Poetas y literatos gozaban en el imperio azteca de un gran prestigio. Así lo señala un poema incluido en el Índice Matritense del padre Bernardino de Sahagún, que en su versión española dice:

"Los que están mirando (LEYENDO)
los que cuentan (LO QUE LEEN)
los que vuelven ruidosamente las hojas de los códices,
los que tienen en su poder
la tinta negra y roja (LA SABIDURÍA)
y lo pintado,
ellos nos llevan, nos guían,
nos dicen el camino."

Sabemos también que en el Imperio Incaico los sabios o *amautas* creaban y transmitían poesía de género religioso, en tanto los *haravicus* eran poetas populares, algo así como payadores que recorrían el territorio improvisando o repitiendo composiciones amatorias o de inspiración rural. Un cantar del Cuzco en quechua, recopilado por Alomías Robles, es un *urpi*, tipo de poesía breve y de tono galante:

"¿Dónde estás, paloma mía,
que te busco noche y día?
Acaso lloras perdida

en una jalca lejana
sin tener cómo volver
Yo pregunto a todo el mundo
tal vez encuentre su rastro
para correr en su busca
¿Dónde estás, paloma mía,
que te busco noche y día?"

Otro ejemplo: un *aymoray*, del tipo que se usaba en ocasiones de siembra o cosecha con intención propiciatoria. La que se transcribe fue recopilada y traducida del quechua a principios del presente siglo, pero seguramente es muy anterior:

"Aguacero, aguacerito, mira, no me mojes,
tengo manta corta
Granizada, granizadita, no me granices,
tengo poncho chico
Ventarrón, ventarroncito, no me ventees,
estoy en hilachas..."

Claro que estas son traducciones; habría que escuchar estas piezas en su idioma original para apreciar su ritmo, su gracia. Y esto nos lleva a aludir a un personaje que, frente a la diversidad idiomática americana se hizo indispensable: el traductor, intérprete o "lengua", como se lo llamó. El "lengua" se convirtió en el mediador obligado entre dos mundos; la persona por cuyo intermedio se entendían –o desentendían– los recién llegados y los que estaban desde antes; alguien que debía disponer de condiciones de honradez y lealtad muy grandes para desempeñar su función.

Intérprete fue la Malinche, la muchacha mexicana consejera y amante de Cortés. Y también Jerónimo de

Aguilar, sobreviviente de una expedición española que naufragó en el Yucatán, al que sus compatriotas encontraron muchos años después, casi convertido en un indio. Lo fue también Martín Pizàrro, el intérprete personal del conquistador del Perú, que fue recogido y adoptado por éste cuando tenía 15 años y llevado a adiestrarse en España: fueron tan importantes sus servicios que la Corona le otorgó una encomienda en el Perú y un escudo de armas. En la Argentina es singular el caso del jesuita Alonso de Barzana, autor de varios diccionarios y titular de la primera cátedra de quechua, instalada en Potosí, donde se enseñaba la "lengua general del Perú" a los curas destinados a la evangelización de los diaguitas.

Y hubo muchos más, pero de todas maneras es de justicia recordar a quienes fueron los primeros puentes de transmisión entre las dos culturas confrontadas en el escenario del Nuevo Mundo. Merecen no ser olvidados, porque su tarea tuvo que ver con la palabra, con el Verbo, que es la expresión más alta del espíritu humano.

III

Así pues, mediante un intercambio a veces penoso, más fácil otras veces pero siempre exigido de comprensión recíproca, el idioma castellano y las lenguas indígenas se fueron contaminando, por decirlo así, mezclando y enriqueciéndose mutuamente. Por supuesto, el castellano, como lenguaje de los dominadores, prevaleció sobre los lenguajes de los dominados, pero éstos donaron muchas palabras que seguimos usando.

Pues los españoles se encontraron con elementos de una realidad nueva para los cuales no tenían palabras en su idioma y entonces tuvieron que echar mano a las denominaciones autóctonas. Es significativo, por ejemplo, que en las cartas de Hernán Cortés a Carlos V se denominen "mezquitas" o "adoratorios" a los templos aztecas; años más tarde, cuando Bernal Díaz del Castillo recuerde la conquista de Tenochtitlán usará los nombres aztecas. Nuestro propio lenguaje está lleno de toponímicos autóctonos: Itatí o Yapeyú; Sañogasta o Tudcúan o Andalgalá; Realicó o Cacharí; Trenque Lauquen o Nahuel Huapi y tantísimos otros, legados directos de los antiguos lenguajes. En México es habitual que los pueblos lleven el nombre de un personaje del santoral católico seguido del toponímico original en náhuatl.

Es muy difícil establecer en qué momento ciertos vocablos aborígenes se incorporaron al habla común de los españoles y sus descendientes. ¿En qué momento empezó a denominarse "pampa" a la llanura? ¿Cuándo comenzó a decirse "chacra"? ¿En qué instante inaugural un español de la conquista o sus hijos dijeron "poncho" en vez de capa, "locro" en vez de guiso, "achalay" en lugar de ojalá? Es un momento fundamental: cuando el hombre que venía de España halla que su propio idioma no tiene palabras para mentar una realidad nueva, americana, ya está empezando a convertirse en un indiano...

El fenómeno de la confluencia de lenguajes se percibe muy claramente en las diferencias existentes en el modo de hablar de los habitantes de las distintas regiones de América. Los mexicanos no hablan como los chilenos ni los peruanos como los cubanos; y esta variedad también se da en el interior de esos y otros países. En la Argentina el fenómeno tiene un especial interés, y cualquiera que haya andado un poco por el interior sabe de qué se trata.

En el litoral argentino, y particularmente en Corrientes, los vocablos salen como cortados y cuando uno termina en una vocal y el siguiente empieza también con una vocal, hay un neto intervalo, un hiato que tiende a definirlos más claramente ("admirable/entrega"; "asunto/espantoso"). En Buenos Aires, en cambio, esta secuencia implica la licuefacción del final y el comienzo ("admirablentrega"; "asuntespantoso"). Los cordobeses se identifican con un cantito característico consistente en alargar algunas sílabas ("espectacuular"; "cateedral"). En Santiago del Estero el habla está atravesada de eses sibilantes muy marcadas ("esstupendoss desspilfarross") que contrasta con la pronunciación bonaerense y, en general, pampeana, que aspira las eses finales y aun las internas ("ehtupendoh dehpilfarroh"). Los santafesinos omiten las eses finales ("lo automóvile"), un indudable resabio de la gran presencia italiana en la región, sobre todo en Rosario. En la Rioja, sea cual fuere el acento que distingue la palabra, se la convierte en esdrújula ("no tiene sálvacion") o se esdrujuliza la frase ("¿pórque no canta?"). En Cuyo se marca mucho la *y* ("*y*o soy pa*y*ador") con un inocultable dejo achilenado. En el interior la r se suaviza hasta convertirse casi en *y*, con diversos matices en su fuerza ("radical = yadical"). El tema es infinito porque hasta existen "subtonadas" en distintas regiones de una misma provincia.

Las tonadas, esos particularismos fonéticos tan simpáticos y que suelen ser tema de bromas y parodias pero son también timbres de orgullo local, son el mejor ejemplo de la confluencia de lenguas. Para explicarlas hay que remitirse a los modos de hablar de los aborígenes que habitaban las regiones donde se fundaron las ciudades españolas, pues los pobladores hispanos traían el acento propio de las regiones peninsulares de donde eran oriundos, pero esta nota distintiva se habrá borrado en una o dos generaciones; sus hijos y nietos sentían la presión fonética y la fuerza de la eufonía del lenguaje indígena manejado por quienes formaban parte de su circunstancia: amas de cría, personal doméstico, peones, gente común. Poco a poco se les habrá pegado el ritmo de esos modos de hablar: si uno escucha una conversación en guaraní o en quechua, aunque no entienda las palabras percibe algo que está detrás de las mismas, la trama de tonos que sostiene ese lenguaje; y si oye en seguida el castellano hablado por correntinos o santiagueños advierte que esa trama es idéntica, trátese de la lengua autóctona o de nuestro idioma. Y aquí está la clave de esa recíproca contaminación de la que hablábamos antes, ese mestizaje lingüístico que es paralelo al mestizaje racial operado en el continente.

Además de las tonadas hay que señalar muy ligeramente una peculiaridad de nuestras modalidades idiomáticas que es casi única, pues sólo se practica en algunas regiones de América Central, además de la Argentina.

Es el "voseo", es decir, el tratamiento de "vos" que sustituye al generalizado "tú" y se complementa con verbos ligeramente deformados ("vos queréis" = "vos querés"). Lo curioso es que el "vos" castizo era un tratamiento de respeto pues el trato coloquial se otorgaba, como hoy, a través del "tú"; en nuestro país, en cambio, el "vos" es trato de intimidad y el "tú" no se usa por resultar afectado. ¿Cómo fue el proceso que convirtió el "vos" ceremonial en palabra coloquial? No se sabe con certeza.

Como tampoco se conoce el origen de la partícula "che" tan característica de nuestro país que en el resto de América es casi sinónimo de argentino. ¿De dónde viene el "che"? Los valencianos lo usan casi de la misma manera que los argentinos, pero no ha habido aquí una presencia valenciana tan importante como para imponer ese localismo; en guaraní "che" es posesivo y así lo usan en Corrientes ("ch'amigo = mi amigo"), pero no es este el significado de esta partícula, que por otra parte se usa menos en el interior pero muchísimo en el litoral. Misterios de la formación de un idioma nacional. Pero el castellano es una lengua tan noble que puede tolerar una infinidad de particularismos y peculiaridades sintácticas, fonéticas y lingüísticas sin empobrecerse, como una muestra más de su vitalidad y capacidad de adaptación a cualquier realidad humana y geográfica.

IV

Todo esto ocurría en el campo de la creación popular, donde el idioma es un material vivo y cambiante, lleno de plasticidad. Al mismo tiempo, la lengua castellana alcanzó en los siglos XVI y XVII una rara perfección en las elaboraciones de dos grandes americanos: un peruano y una mexicana, que dejaron creaciones con el sello del mestizaje y una alta calidad: ellos, entre otros, evidenciaron que el idioma traído de la península podría ser aquí un óptimo medio de expresión.

Garcilaso de la Vega nació en 1539 en el Cuzco, la capital del antiguo Imperio Incaico, hijo de un capitán español de noble origen y de la princesa Isabel Chimpu Ocllo, prima de Atahualpa, el último Inca. Por lo tanto encarnaba un nuevo tipo humano propio del nuevo continente: el mestizo que ama las dos vertientes de su origen y no reniega de ninguna. Garcilaso cumplirá este destino desde su rol de historiador, con una prosa limpia matizada a veces por la nostalgia: "Estas y otras semejantes pláticas tenían los Incas y Pallas en sus visitas, y con la memoria del bien perdido siempre acababan su conversación en lágrimas y llanto. En estas pláticas, yo como muchacho entraba y salía muchas veces donde ellos estaban y me holgaba de las oir, como huelgan los tales de oir fábulas".

Garcilaso recibió en su infancia una educación

esmerada. Hablaba el castellano tan bien como el quechua, que aprendió de su madre y de sus parientes maternos. Adquirió una formación humanista y actualizada. A los 20 años se trasladó a España para litigar por la sucesión de su padre; fracasó en su empeño pero los Lasso de la Vega, que eran una ilustre familia andaluza, lo ayudaron. Entonces el joven mestizo se hizo soldado, estuvo en Flandes y en Italia con los famosos tercios y alcanzó el grado de capitán. Después abandonó las armas y tomó los hábitos religiosos, la forma habitual de la época para dedicarse al estudio y la erudición. Publicó varios libros y traducciones y en 1609 apareció la obra más asociada a su nombre: *Comentarios Reales.*

En la introducción, después de destacar que era "natural de la ciudad del Cuzco, que fue otra Roma de aquel Imperio", dice que "forzado del amor natural de la patria" se puso en la tarea de escribir este libro para describir "las cosas que en aquella república había antes de los españoles". Garcilaso murió en Córdoba de Andalucía en 1616; pocos meses antes había aparecido el segundo y último tomo de su obra. Más allá de sus valores históricos, *Comentarios* demuestra la esencia mestiza de su autor. Por un lado, Garcilaso rescata y hasta idealiza la memoria de sus antepasados incas, su sistema social y de gobierno; es por ello un auténtico americano pues demuestra amor acendrado por su tierra y las costumbres e instituciones que en ella florecieron. Por otra parte es un español que justifica la caída del imperio de los incas porque ello habría significado "sacar del abismo de la idolatría a tantas y tan grandes naciones". Sus dos sangres chocan y se revuelven cuando evoca el pasado y escribe la crónica de su lejana patria, a la que nunca regresó. Pues Garcilaso es una temprana expresión del nuevo continente: recordemos que nació a menos de diez años de la conquista del Perú, cuando todavía había resistencias a Pizarro en diversos puntos del territorio. En su persona y en su creación histórico-literaria, impregnada del lenguaje de su pueblo, se esconde algo así como un presagio de la fusión de dos razas, dos idiomas, dos culturas y dos mentalidades.

La otra personalidad que significa lo mismo, pero esta vez en el plano de la imaginación literaria, es la mexicana Sor Juana Inés de la Cruz, que nació como Juana de Asbaje y Ramírez de Santillana en un pueblito cercano a la ciudad de México, hija natural de un español pobre y una criolla. Desde temprana edad fue una "niña prodigio" que leía y escribía a los 3 años sólo con escuchar las clases que recibía una de sus hermanas. Pronto trascendió su inteligencia y el afán de estudio que la poseía; el virrey de México la incorporó a su corte como dama de honor y allí brilló su ingenio y su erudición. Después, como un recurso para huir del matrimonio mezquino y sin amor al que la condenaba su condición de doncella de origen oscuro y sin dote, ingresó al convento de las jerónimas.

Desde su celda, llena de instrumentos musicales y científicos, escribió incansablemente sobre teología, filosofía, artes y ciencias; compuso autos sacramentales, sainetes, comedias, villancicos y toda clase de composiciones poéticas; aventuró teorías sobre física; polemizó; redactó ensayos sobre diversos temas. Fue una mujer fuera de serie y fuera de época, por su libertad de espíritu y el orgullo con que defendió su derecho al conocimiento. Y como proclamara la parte que debía al suelo donde había nacido, en una de sus composiciones se pregunta:

"¿Qué mágicas infusiones
de los indios herbolarios
de mi patria, entre las letras
sus hechizos derramaron?"

Algunas de sus composiciones han quedado para siempre en la memoria colectiva del mundo hispano, como aquella que empieza "Hombres necios que acusáis...", una defensa de la mujer en un tiempo en que su inferioridad era una verdad que no se discutía. Recordemos esta otra, una maravilla de perfección poética y de delicado erotismo:

"Detente, sombra de mi bien esquivo,
imagen del hechizo que más quiero,
bella ilusión por quien alegre muero
dulce ficción por quien penosa vivo

Si al imán de mis gracias, atractivo,
sirve mi pecho de obediente acero
¿para qué me enamoras lisonjero
si has de burlarme luego, fugitivo?

Mas blasonar no puedes satisfecho
de que triunfa de mí tu tiranía;
que aunque dejas burlado el lazo estrecho
que tu forma fantástica ceñía
poco importa burlar brazos y pecho
si te labra prisión mi fantasía"

Hay un aspecto de la creación de Sor Juana que es menos conocido y revela su inconvencionalismo y su amor por lo popular. En un tiempo en que la prosa y el verso castellanos sufrían los efectos del amaneramiento del gongorismo, rebuscado y sutil en extremo, se permitió componer versos remedando el habla blanda y balbuceante de los negros esclavos:

"Tumba, la-la-la, tumba, la-le-le
que donde ya Pilico escrava no quede!
Tumba, tumba la-le-le
tumba la-la-la
que donde ya Pilico no quede escrava
Hoy dici que en las Melcede
estos Parre Mercenaria
hace una fiesta a su Palre
que fiesta? como su cala
....
Ha, ha, ha!
Monam vuchilá!
He, he, he
Cambulé!

Después de asombrar, no sólo a su patria sino a España por la vastedad, belleza y diversidad de su obra, un día Sor Juana se llamó a silencio. Acaso una crisis religiosa, un autocuestionamiento o la amenaza de censura por parte de un prelado obtuso... El caso es que de pronto vendió sus amados libros, se deshizo de sus instrumentos, dejó de escribir y empezó a hacer la dura y recoleta vida de una verdadera monja. Murió en 1695 durante una epidemia, cuando tenía póco más de 40 años de edad.

Pensemos que Sor Juana aparece a poco más de

un siglo de la instalación española en México; poco más de cien años para que se manifieste este fenómeno esencialmente hispano pero también muy americano. Y esto, en la persona de una mujer cuya curiosidad intelectual rompe todos los moldes de la época respecto del papel asignado al bello sexo. En su inquietante y singular perfil, el nuevo continente manifestaba su capacidad para crear personalidades novedosas, distintas. Y admirables, por el lenguaje en que se expresaban.

V

Con el tiempo, el castellano que se hablaba en América fue recibiendo otros aportes: el de los negros, por ejemplo. Africanos de diversas tribus dejaron las huellas de su propio lenguaje en palabras sonoras como "tango", "quilombo", "catinga" o "fandango". Los esclavos recién llegados eran *bozales* porque no entendían el idioma de sus amos, pero rápidamente lo manejaban y entonces pasaban a ser *ladinos*. Pronunciaban el castellano con su típica dificultad para decir la *r*, convirtiéndola en *l* ("perdón" = "peldón"; "arrastrar" = "alastral") imprimiendo a sus formas de hablar una gracia muy especial que, como se ha visto, encantó a Sor Juana Inés de la Cruz.

No sería el de los negros el único torrente lingüístico volcado masivamente sobre el castellano de estas tierras. En la segunda mitad del siglo XIX y primeras décadas del siglo actual, la gran inmigración trajo, además de su fuerza de trabajo, muchas expresiones que se fueron incorporando al lenguaje coloquial de los argentinos. Los italianos, especialmente los genoveses y los oriundos de las regiones meridionales de la península, trajeron muchísimas expresiones que fueron rápidamente asimiladas, desde el generalizado "chau" como despedida, una derivación apocopada de la palabra "schiavo = esclavo = servidor"; pero también "laburo", "fiaca", "escabio", "farabute" y tantísimas otras que se instalaron por derecho propio en nuestro lenguaje. El caló español nos regaló expresiones como "camelar", "guita" y otras, y los franceses dejaron no pocas relacionadas con el tema galante, como "bulín", "macró", etc.

Con este tipo de palabras y otras de origen menos claro, el submundo de Buenos Aires empezó a inventar en los últimos años del siglo XIX un idioma propio, el lunfardo. En su origen fue un lenguaje cerrado, hermético, propio de los medios delictivos y carcelarios, un sistema de claves usado para evitar que se entendieran las conversaciones entre pícaros. Con el tiempo se fue incorporando al habla común de los porteños para pasar, finalmente, a todo el país, por supuesto que ya blanqueado de sus turbios orígenes. Hoy, ningún argentino cree que habla en lunfardo cuando dice que no consigue laburo o que se va al bulín o que fulano es un atorrante: son palabras de uso casi diario. El tiempo ha ido moliendo en sus molinos de paciencia y misterio este *argot* porteño que ha dejado su huella en el castellano de estas regiones, y que desde hace más de una década merece el honor de ser estudiado académicamente, después de haber dado contenido a la música más típica de Buenos Aires e inspirado a valiosos poetas.

Más adelante, ya en nuestros tiempos, el idioma común ha tenido que enfrentar la invasión de expresiones derivadas del campo de los negocios y relacionadas con tecnologías de uso diario; como en la época de los conquistadores, el castellano no ha encontrado palabras que nombren ciertas realidades que se mentan en inglés porque los objetos que describen provienen del mundo anglosajón: "shopping", "marketing", "software", "cocktail". También esta infiltración inevitable ha sido absorbida, digerida, por el castellano, y si esto se nota en la Argentina resulta mucho más evidente en otros países latinoamericanos donde muchas palabras de origen inglés se han castellanizado, con mayor o menor fortuna: "carro", "aparcar", etc.

En suma, el castellano original ha absorbido las agresiones de otras lenguas, ha transformado sus asedios e invasiones en pacíficas asimilaciones. En toda América Latina el castellano sobrevive triunfante, más flexible que nunca. El gran legado lingüístico de España, enriquecido en nuestro continente por cinco siglos de convivencia y contacto con los idiomas aborígenes y los que llegaron más tarde a nuestras playas, sigue siendo el instrumento expresivo mediante el cual se comunican centenares de millones de seres humanos, y es además el instrumento verbal de poetas, dramaturgos, novelistas, ensayistas, algunos de prestigio universal:

"Puedo escribir los versos más tristes esta noche,/ escribir, por ejemplo..."

"La princesa está triste, qué tendrá la princesa..."

"Aquí me pongo a cantar/ al compás de la vigüela..."

"El coronel Aureliano Buendía..."

"El madrejón desnudo, ya sin una sé de agua/ y el campo muerto de hambre, pobre como una araña..."

Neruda y Darío, José Hernández, García Márquez y Borges, y también Sarmiento, Cortázar, Sabato, los grandes creadores literarios de la identidad americana supieron usar la lengua castellana con maestría. Encontraron sus mejores inflexiones, la magia de sus palabras, el ritmo de su íntima respiración, y agregaron al tesoro original de la heredad común su propia riqueza verbal. Ellos y tantos otros la aprovecharon y la transmitieron acrecentada, enriquecida.

Las Artes

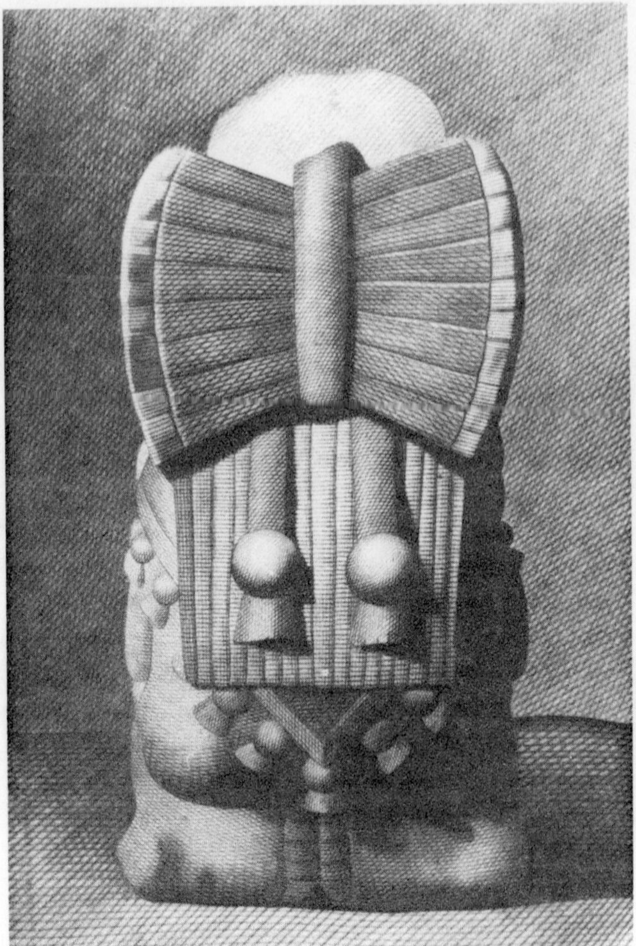

I

Lo primero de todo es vivir. Pero cuando se llenan las necesidades más premiosas, el espíritu humano se asoma a posibilidades más vastas y menos utilitarias. Una de ellas, la de expresarse a través de manifestaciones estéticas.

Como ocurrió en casi todo el mundo, las primitivas poblaciones americanas produjeron sus propias formas artísticas fijándolas en los materiales que tenían a mano, con los utensilios que su ingenio fue forjando. A través de miles de años, con el signo de diferentes culturas y en distintas regiones del continente (un continente todavía desconocido para Europa), esos hombres y mujeres dejaron los rastros de inquietudes superiores traducidas en su arquitectura, su cerámica, su escultura, su tejeduría, su metalurgia, su pintura, su música. Muchas de estas manifestaciones, por ser muy remotas y haber sido sepultadas bajo otras culturas distintas, desaparecieron en su mayor parte y apenas si han podido ser rescatadas en pequeña proporción por la arqueología moderna; otras, más recientes, provocaron la admiración de los españoles, sobrevivieron a la conquista y subsisten hoy como un testimonio del sentido artístico, a veces muy refinado, de los pueblos precolombinos de América.

Esto que decimos ocurrió con la cultura Olmeca, que floreció en el litoral mexicano sobre el Caribe, donde hacia 1940 se encontraron cabezas y columnas de piedra de enormes dimensiones, esculpidas alrededor de 1.200 años antes de Cristo. Se requería una técnica superior para tallar semejantes monumentos, así como los vasos y figuras que se han encontrado adscriptos al mismo horizonte cultural. Lo mismo puede decirse de la cultura de Teotihuacán, en la meseta central de México, a sólo 50 km de la capital, cuya máxima expresión es el conjunto religioso que hoy todavía puede admirarse, con sus pirámides del Sol y de la Luna y otros edificios y espacios monumentales, generalmente marcados por la reiteración de la serpiente emplumada como símbolo religioso. Y también la más reciente cultura Tolteca, cuya sede central es la ciudad de Tula, caracterizada por sus gigantescos "atlantes" que tienen un vago parecido con la estatuaria egipcia, y que tuvo su pico de esplendor entre los siglos IX y XII de nuestra era.

En cuanto a la civilización Maya, en la enorme zona de América Central dominada por este sabio y refinado pueblo, digamos que vivió varias etapas, cada una de ellas a lo largo de varios siglos. La cerámica, los trabajos en jade, las pirámides truncadas o escalonadas que aún hoy son algunas de las maravillas del mundo, la orfebrería, los bajorrelieves y las pinturas al fresco, el modelado al estuco y muchas labores artísticas más evidencian el acendrado espíritu creador de los mayas, cuya existencia estaba relegada al olvido cuando llegaron los españoles.

Así es que podemos decir que las culturas Olmeca, de Teotihuacán, Tolteca y Maya, entre otras, constituyeron vertientes que contribuyeron al esplendor de la civilización Azteca, que fue la que encontraron los españoles hacia 1520.

También el arte incaico, en el Perú, recogió aportes muy anteriores, algunos de los cuales se remontan a 4000 años antes de Cristo. Uno de los más importantes lo dio el llamado "horizonte temprano" o de Chavín, que tuvo su momento de esplendor unos 800 años antes de nuestra era, es decir, un siglo antes de la fundación de Roma. Más de 100.000 vasijas de cerámica pertenecientes a esta cultura se han detectado hasta ahora, con técnicas de elaboración que continuaron posteriormente en otros pueblos. Entre las culturas preincaicas se destacan la Mochica y la Nazca, sobre las cuales es imposible extendernos; destaquemos solamente que las vasijas mochicas son vivas representaciones de la vida cotidiana, con dibujos coloreados de personajes de toda clase, lo que permite al observador acercarse con la imaginación a la existencia de la gente de aquellas remotas edades. Por su parte, la cultura Nazca, que recién empezó a estudiarse en 1901, presenta una alfarería y una tejeduría que figuran entre las más hermosas de América; su conservación pudo ser posible por la especial sequedad del clima de la región peruana donde se desarrolló, lo que permite admirar hoy sus bordados, gasas y tapices ornamentados con representaciones de aves, peces, flores y seres humanos. Citemos, finalmente, la cultura Chimú, que tuvo su gran instante histórico hacia el siglo XIV de nuestra era y se extendió desde la actual frontera peruano-ecuatoriana hasta Lima; su capital, Chan Chan, destruida por los incas en 1450, se situaba cerca de la ciudad peruana de Trujillo. Además de textiles espléndidos, los chimús trabajaron como nadie el adobe y fueron estupendos orfebres de oro y otros metales; máscaras, collares, objetos de cobre laminados o enchapados en oro, jarros y vasos de oro macizo dan cuenta del refinamiento y la suntuosidad de la cultura chimú.

Pero el testimonio más impresionante de una civilización anterior a los incas se encuentra en territorio boliviano. Es la Puerta del Sol en Tiahuanaco, sobre el lago Titicaca, en realidad sólo una parte de un enorme conjunto de templos, murallas y residencias, probablemente de destino religioso. Los cronistas españoles se asombraron de la misteriosa belleza de este monumento, tal vez un gran calendario marcado por la extrema estilización de los elementos antropomórficos que presenta. Falta mucho por estudiar en Tiahuanaco, un vestigio de las civilizaciones americanas más remotas que ha fascinado a muchos científicos y, entre nosotros, a Bartolomé Mitre cuando era joven. Pero de todas maneras, allí está, en la vasta desolación de la puna boliviana, como una muestra de los esfuerzos del ser humano para trascenderse a sí mismo dejando alguna huella de su paso sobre la tierra. Pues las más importantes manifestaciones artísticas de las altas culturas precolombinas respondieron al sentido religioso que era propio de la organización teocéntrica de esas sociedades.

II

Imaginemos que algunos habitantes de América hubieran realizado en sentido inverso el viaje de Colón en la misma época del descubridor; habrían arribado a España y seguramente quedarían maravillados por esa realidad, tan diferente a la suya. Y sin duda no hubieran podido advertir que detrás de esa cultura, esa arquitectura, esas indumentarias, ese lenguaje, sosteniéndolas, habían nacido, desarrollado y caído civilizaciones como la griega, la romana, la medieval. Esto es también lo que ocurrió con los españoles en el nuevo mundo.

Cuando las huestes de Hernán Cortés llegaron a Tenochtitlán, la capital de los aztecas, quedaron estupefactos ante la grandeza de la ciudad y la armonía de sus avenidas, cortadas en ángulo recto con un moderno sentido del espacio. Era un diagrama urbano que no conocían, puesto que ellos venían de las retorcidas callejuelas de las ciudades y aldeas españolas crecidas dentro del espíritu medieval. Este asombro se fue extendiendo a la arquitectura, la escultura, la orfebrería, el arte de los códices, los tejidos, las múltiples artesanías que encontraron, algunas de ellas desconocidas para los españoles como los llamados "mosaicos de plumas" usados para embellecer con admirable perfección los cascos, las capas y los escudos de los guerreros.

Los códices eran verdaderos libros, elaborados

sobre cortezas de magüey o amate, que se doblaban en forma de acordeón. Recogían rituales religiosos, temas de astronomía, tradiciones históricas, cantos, himnos, leyendas. Bernal Díaz del Castillo dice que los aztecas disponían de bibliotecas con centenares de estos códices, que no estaban escritos porque desconocían el alfabeto, pero sí dibujados con pictografías e ideogramas. Actualmente se conserva una docena de estos códices elaborados antes de la llegada de los españoles y unos cincuenta contemporáneos o posteriores a la Conquista; algunos funcionarios y prelados españoles trataron de que no se perdiera la tradición de la redacción de códices y consiguieron, durante el período de la colonización, que se siguieran elaborando.

La escultura también había llegado a un alto nivel entre los aztecas al tiempo de la llegada de los españoles: piedras de calendario, cabezas de guerrero, ídolos y dioses felizmente conservados por la nobleza de sus materiales, nos dan una idea del grado de adelanto de las artes lapidarias de los aztecas.

No menos asombrados quedaron los españoles que vinieron con Francisco Pizarro cuando llegaron al Cuzco, la capital del Tahuantisuyu. En realidad, era una ciudad relativamente nueva, edificada o acaso reedificada en 1438 por Pachacútec Inca Yupanqui para ser morada de los monarcas incas, los sacerdotes y sus servidores. Esto le prestaba la condición de ciudad imperial, con enormes palacios construidos en grandes bloques de piedra poligonales pulidos y ensamblados a la perfección sin necesidad de argamasa. Esa condición salvó la mayor parte de su arquitectura, porque los españoles aprovecharon esa magnífica sillería para sus propias residencias y templos. Así, el

Cuzco actual es una admirable mezcla de lo incaico y lo español: la catedral se construyó en 1560 sobre el templo de Viracocha; el monasterio de Santa Catalina encima de la Casa de las Vírgenes del Sol, la iglesia de la Compañía de Jesús en el palacio de Huayna Cápac, la de Santo Domingo sobre el Coricancha. Y aún subsisten construcciones incaicas imponentes como la fortaleza de Sacsahuaman o los templos de la Luna y las Estrellas, para no mencionar la maravilla de Machu Picchu, de construcción más tardía y descubierta sólo a principios del presente siglo.

Pero si la arquitectura fue el arte más imponente de los incas, no resultaron menos admirables sus habilidades para elaborar el oro, la plata, el bronce y el cobre, no así la cerámica, que en este período es poco original y con colores escasamente variados. En cambio, los tejidos de la etapa son muy bellos, realizados en lana de alpaca o vicuña, ricamente coloreados y con motivos muy imaginativos. En realidad, los incas no hicieron otra cosa que recoger las tradiciones artísticas de las civilizaciones que los precedieron; ellos mismos constituían un pueblo guerrero y administrador, pero no dejaron de beneficiarse con la recepción de las técnicas y gustos de los pueblos milenarios que habitaron la enorme área de influencia del Tahuantisuyu.

Entre estas zonas estaban algunas comarcas del actual territorio argentino. Como ya se ha señalado, esta área fue habitada por etnias muy distintas cuyas expresiones culturales fueron, en consecuencia, también muy diversas. En este campo hay que comprender un fenómeno muy común: según los materiales trabajados, los vestigios de las poblaciones han permanecido o desaparecido, porque una cosa es elaborar una vasija con barro cocido o construir una muralla de piedra, y otra cosa es hacer un tejido con elementos que en pocos años devorará el tiempo o fabricar una estera de paja, material muy poco durable. Por lo tanto, los yacimientos arqueológicos del noroeste argentino son ricos porque allí abundan las piedras y los metales, mientras que en los territorios del Chaco, del litoral o de la pampa son más escasos.

Así se han localizado algunos horizontes culturales del noroeste argentino, por ejemplo el de Belén, probablemente contemporáneo a la civilización de Tiahuanaco, que ha dejado elementos labrados en hueso, piedras, madera, barro, etc., con figuras humanas o estilizaciones de animales. Algunos pectorales metálicos son singularmente hermosos y conmueven al observador las pictografías y petroglifos que pintaron o grabaron en rocas y grutas –manifestación que también puede admirarse en la actual provincia de Santa Cruz–. Un elemento muy singular de los primitivos habitantes del noroeste argentino son los menhires, monolitos de varios metros de altura con figuras grabadas, de los que se conserva una media docena. Como las etnias que poblaron el noroeste argentino fueron conquistadas muy tardíamente por los incas, las influencias del Tahuantisuyu no se manifestaban en las grandes construcciones características del Incario: los pucaras o fortalezas que se pueden ver todavía hoy en Catamarca, Salta o Jujuy, deben ser anteriores a la penetración inca.

No podemos extendernos en referencias más detalladas sobre otros pueblos de la América prehispánica, cuyas manifestaciones estéticas fueron muy notables. Pero antes de concluir con esta rápida reseña de las artes americanas anteriores a la llegada de los españoles, tenemos que hacer una breve alusión a su música, destacando que es difícil, si no imposible, saber cómo era la de pueblos que no conocieron la notación musical. Lo que sí parece indudable es que casi todos conocieron y practicaron formas musicales, aunque muy distintas según su nivel cultural. El canto, individual o colectivo, la percusión como apoyo de la melodía, el uso de instrumentos de viento construidos con huesos largos parecen haber sido relativamente comunes en América. Se sabe que los incas usaban la escala pentatónica, es decir de cinco notas en vez de siete como es la occidental, lo que daba a sus melodías una tonalidad melancólica. Pero también en este campo hay que andar a tientas.

Lo que queremos destacar, en síntesis, es que a la llegada de los españoles habían existido y seguían existiendo en el nuevo continente diversas culturas, a las que los recién llegados apenas si se asomaron pues muchas de las preexistentes habían desaparecido, aunque dejaron sus rastros en diversos campos. De todas maneras, las expresiones de arte al tiempo del descubrimiento revestían a veces una gran belleza y delataban un fino sentido creador y una capacidad artesanal que en muchos casos no se ha superado. No eran, pues, salvajes, los hombres y mujeres que encontraban los conquistadores. Eran seres humanos que se diferenciaban de los recién llegados en muchas cosas, entre ellas una estética muy distinta a la que éstos traían de España. Por eso en esta área también hubo choques, pero a la postre, confluencias fecundas de las que somos herederos los actuales habitantes de América Latina.

III

El espíritu de España en el momento histórico del descubrimiento estaba imbuido de una cultura cuyas líneas nutrientes se remontaban a la civilización romana con el subsiguiente contenido cristiano, atravesada a lo largo de casi un milenio por influencias góticas y moriscas. Las artes que se practicaban en la Península Ibérica a fines del siglo XV y principios del XVI eran, en líneas generales, las que se conocían contemporáneamente en Europa Occidental, con algún matiz local, propio de una identidad nacional todavía indefinida.

Así, la arquitectura civil y religiosa recién empezaba a desprenderse del clásico estilo medieval llamado "gótico"; sólo a mediados del siglo XVI comenzarían en España los trazados de inspiración renacentista para la edificación de templos y palacios. La escultura y la pintura estaban muy vinculadas a lo religioso y lo estarían por varias décadas, hasta que Velázquez irrumpiera con su poderosa visión civil y cortesana. La música española presentaba una corriente popular manifestada a través de instrumentos de cuerda que descendían de la *kitar* árabe, o instrumentos de viento que acompañaban cantos de regocijo, galantes o de trabajo; en cuanto a la música culta, no se diferenciaba mucho de la que se disfrutaba en las cortes del resto de Europa. Poco afectos a las joyas y adornos, que consideraban propios de temperamentos afeminados, los españoles de esa época no cultivaron mayormente la orfebrería. Tampoco se preocuparon mucho por la indumentaria; durante el reinado de Carlos V y sobre todo de Felipe II se fueron imponiendo entre las clases altas vestimentas negras, austeras, que excluían los colores vivos y sólo admitían un toque blanco en la gorguera y las mangas. Recordemos, además, que la expulsión de los moros y después de los judíos privó al mercado español de muchos hábiles artesanos especializados en trabajar el cuero, la madera, los metales, el marfil, las piedras preciosas y los tejidos de lujo.

Todo esto explica que los españoles llegados a América en las primeras etapas del descubrimiento y la conquista no acariciaran un especial interés artístico. No necesitaban artistas sino gente especializada en el oficio de la guerra o en actividades utilitarias: carpinteros, herreros, albañiles y canteros, labradores, constructores de embarcaciones, talabarteros, curtidores, zapateros. No había lugar para el arte cuando se trataba de abordar una tierra desconocida, unos pueblos hostiles o poco confiables, una geografía enorme y diferente a la que conocían.

Pero luego de las primeras etapas, cuando llegó el momento de la radicación definitiva y los asentamientos, estos nuevos habitantes del continente tuvieron necesidad de rodearse de cosas un poco más bellas que los toscos utensilios de que hasta entonces disponían, mejorarlos, agregar elementos suntuarios a los objetos cotidianos, hermosear sus residencias, evidenciar su nuevo *status*. Y es entonces, mediados del siglo XVI, cuando empiezan a llegar los que ejercían ciertas artes en España; y es entonces, también, cuando éstos empiezan a sentir la influencia de la estética de los pueblos vencidos.

Tal influencia, en realidad una interrelación permanente, habrá de darse prácticamente en todos los campos del arte. Pero podemos señalar tres especialidades donde la mezcla de lo español y lo indígena es evidente y exitosa: la arquitectura, la pintura y la platería.

Tomando solamente lo que ocurrió en el Perú y en el Alto Perú (actual República de Bolivia) se puede subrayar la importancia de este "arte mestizo" que floreció en los siglos XVII y XVIII y cuyos autores son generalmente anónimos, indios muchos de ellos o hijos de españoles e indias. En materia arquitectónica, el estilo plateresco que entonces predominaba en España, con sus superficies trabajadas en piedra hasta el último centímetro cuadrado, fue el marco ideal para que los alarifes introdujeran motivos de la fauna y la flora americanas como mascarones, pumas y otros elementos que ya figuraban en el arte precolombino. En Potosí y La Paz subsisten soberbios ejemplos de esta arquitectura americana, como los hay también en Quito y desde luego en México. La Casa de la Moneda de Potosí es un hermoso ejemplo de este tipo de decoración, que puede detectarse en docenas de capillas de la zona.

La pintura mestiza, a su vez, fue adquiriendo identidad desde el Cuzco, donde se instalaron varios talleres a fines del siglo XVI que se limitaban a reproducir motivos religiosos en el estilo manierista que estaba de moda en España. Pero a lo largo del siglo XVII se va dando un interesante fenómeno, porque los que toman a su cargo la producción de miles de telas para abastecer al mercado eclesiástico americano, son indios o mestizos, y ellos imprimen a sus figuras un sello propio. Entre tantos artistas anónimos se ha salvado el nombre de Diego Quispe Tito, que hacia 1680 fue el promotor de este tipo de pintura caracterizada por sus "ángeles arcabuceros" y sus "Mamachas", versión autóctona de las "madonnas" que habían pintado los primeros artistas arribados al Perú, algunos de ellos italianos. Los cuadros de la escuela cuzqueña decoran todavía muchas iglesias y capillas del Perú, Bolivia y noroeste argentino.

Uno de los pocos casos de artistas indígenas cuya identidad es conocida, es el de Felipe Guaman Poma de Ayala. Había nacido en Ayacucho en 1532 y se decía pariente de la casa real de los incas. Murió muy viejo, después de 1615, habiendo desempeñado cargos menores al servicio de los españoles, cuyo idioma hablaba bien. En los últimos años de su vida, Poma de Ayala se dedicó a elaborar un extraordinario documento, escrito por su mano en castellano e ilustrado también por él. Era una especie de tratado de historia y etnografía, una cosmogonía personal y sobre todo una denuncia de los abusos de encomenderos y corregidores. Este extensísimo códice fue enviado al rey en 1615 y permaneció desconocido durante tres siglos, hasta que un erudito lo descubrió en 1908, en la Biblioteca Real de Copenhague, y lo dio a conocer en el Congreso Internacional de Americanistas realizado en Londres en 1912. La "Nueva Crónica" de Poma de Ayala es una fuente infinita de sugestiones para historiadores, pero lo que se desea señalar aquí es la importancia de sus dibujos a pluma como expresión de un arte que podríamos llamar *naïf,* con sus personajes minuciosamente caracterizados según su jerarquía y función social, su documentada reproducción de indumentarias, costumbres, ceremonias y oficios;

todo ello visto, desde luego, con los ojos de los vencidos y a casi un siglo de la conquista. Sin ser un artista, Poma de Ayala reflejó en sus dibujos la vida cotidiana del Perú de comienzos del siglo XVII con su mescolanza de indios, criollos, negros, españoles de la milicia, la burocracia o el clero. Fue un cronista gráfico de excepcional importancia.

Un arte muy característico de la América mestiza, que tuvo un enorme florecimiento en las regiones peruanas y altoperuanas, fue el de la platería. Recordemos que la plata era en España un material muy escaso y en consecuencia muy caro, mientras que en el nuevo mundo las minas de Potosí y de México, entre otras, constituyeron una abundantísima fuente del metal blanco, que por su nobleza y perdurabilidad se convirtió muy pronto en materia prima para toda clase de obras de arte. Un arte, reiteramos, típicamente americano, pues ya diversas etnias prehispánicas lo habían practicado y es probable que los plateros criollos hayan reiterado las técnicas conocidas por los indios. En el período colonial, primero se labraron en plata cálices, custodias, candelabros, lámparas, atriles y otros objetos destinados al culto, incluso altares y frontales de grandes dimensiones o decoraciones para revestir púlpitos y hasta paredes interiores de iglesias. Pero después la platería fue derivando hacia la elaboración de artículos de uso cotidiano como sahumerios, cubiertos, estribos, frenos, mangos de cuchillo, vajillas, jarras, vasos y, sobre todo, mates: mates de todos los tipos y tamaños, con todos los adornos imaginables, en un alarde de desbordante y alegre imaginación. Este arte, felizmente, subsiste hoy en la persona de plateros cuya habilidad recoge inspiraciones que el metal blanco hizo posible en tierras americanas desde mucho antes de la llegada de los españoles y, con la influencia de éstos, se expresó en nuevos motivos y usos.

Y esto nos lleva de la mano a hablar brevemente de un asombroso fenómeno de creación artística: un gigantesco taller donde a lo largo de un siglo y medio se realizaron trabajos de arquitectura, escultura, imaginería, pintura, grabado, imprenta, dorado a la hoja, estofado en oro y plata, fabricación de instrumentos musicales y muchas artes menores. Nos referimos a las Misiones Jesuíticas que se extendieron en regiones de los actuales territorios de Brasil, Paraguay y Argentina. No hay un caso similar en el mundo.

Fueron unas setenta misiones o reducciones, donde se construyeron ochenta templos, generalmente en piedra de la llamada "piedra-sapo", cuyos revestimientos internos se labraron en ricas maderas, doradas o plateadas. Guillermo Furlong ha calculado que de las Misiones Jesuíticas salieron más de dos mil imágenes de bulto, que fueron a parar a los más remotos lugares de América; probablemente este cálculo es corto. Los libros que se imprimieron allí en prensas con tipos de madera, son de una rara perfección. Los guaraní aprendieron rápido y bien las técnicas que les enseñaron sus maestros; pero les faltó la independencia mental indispensable para agregar sus propios elementos a los objetos que construían sobre modelos invariables. No obstante, en algunos altares que han sobrevivido a la destrucción de las misiones, en algunos marcos de cuadro y ornamentos de las portadas de iglesia, pueden advertirse formas estilizadas de la flora local, como helechos, tabaco, piñas, palmas, naranjas y papayas. Los guaraní no tuvieron tiempo para ir definiendo un arte propio. Apegados a las normas artísticas dictadas por los sacerdotes de la Compañía de Jesús, no se atrevieron a enriquecer sus creaciones con las contribuciones de su propia inspiración o las sugerencias del ambiente local.

Pero la labor misional de los jesuitas demostró la capacidad de los indígenas para duplicar cualquier utensilio, cualquier técnica, cualquier objeto; y esto, libremente, sin compulsión, por un sentimiento de adhesión a sus maestros, lo que era desde luego una buena base para emprendimientos artísticos con más identidad que lamentablemente no llegaron a concretarse porque esa formidable experiencia se frustró con la expulsión de la orden decretada por Carlos III. Uno no puede menos que saludar con admiración ese estupendo esfuerzo civilizador que en un tiempo increíblemente corto convirtió una etnia primitiva y nómade en un pueblo que produjo obras de arte asombrosas por su calidad y cantidad. Es de presumir que en las Misiones Jesuíticas pudo concretarse el más importante proceso de simbiosis e interrelación cultural entre los españoles y los habitantes del Nuevo Mundo. Si esto no alcanzó a ocurrir, de todas maneras quedan testimonios para mostrar hasta qué punto se estaba marchando en el buen camino.

IV

La historia registra que en varias oportunidades, indios guaraní procedentes de las Misiones Jesuíticas vinieron a Buenos Aires para ofrecer conciertos en la iglesia de San Ignacio. Esto ocurrió a principios del siglo XVIII.

¿Qué música interpretaban? ¿Con qué instrumentos? Música culta de la época, de la que se escuchaba en las cortes europeas y en los círculos burgueses melómanos con los instrumentos de cuerda y de viento comunes por entonces. Es decir que también en esto los indios guaraní no eran otra cosa que fieles repetidores de los modelos brindados por sus maestros, los padres jesuitas, muchos de ellos alemanes o italianos, que podían enseñar música.

Pero esto no quiere decir que también en el campo musical no se estuviera produciendo un trasvasamiento, una emigración de valores originados en América, enriquecidos con la presencia de España y capaces de producir manifestaciones autóctonas, locales. Este fenómeno operaba a nivel de pueblo común y por eso es difícil rastrear sus etapas. Concolorcorvo, por ejemplo, cuenta en la década de 1760 que en el largo viaje realizado desde Buenos Aires a Lima, escuchó muchas veces a rústicos artistas que cantaban coplas de su propia creación, acompañados por guitarras; el viajero, que era hombre culto, abominó de estos cantores y consideraba espantosas sus creaciones, pero tal vez en esas toscas entonaciones empezaba a evidenciarse una música netamente americana. Publicaciones peruanas de esa misma época hablan del *yaraví* como una forma musical típicamente popular, una conjunción de resabios indígenas y contenido hispano.

Alejo Carpentier ha señalado que la historia de la música occidental se conoce porque hay documentación que permite registrar sus etapas, sus modalidades, su instrumentación; en América, en cambio, no existe semejante historia. Pero además, cuando se ha querido estudiarla, se ha aplicado un criterio europeo olvidando que en la América prehispana la música, vocal o instrumental, desempeñaba siempre una función determinada con propósitos religiosos o ceremoniales, de impetración de dones, como cosechas, de animación guerrera, etc. Tenía generalmente un contenido emocional, no de recreación. Además, el aislamiento en que se desarrollaron las diversas culturas autóctonas dio a cada una su propia música, sin mayores influencias exógenas; algunas eran muy primitivas, como la de los onas o los matacos en territorio argentino, que sólo conocían dos notas.

Pero es también muy difícil precisar circunstancias concretas en el marco del trasvasamiento musical que se fue realizando en la época colonial y posterior. Los pueblos indígenas, sobre todo en el Perú y en el Alto Perú, mantenían sus tradiciones y también su música; en los centros urbanos, en cambio, predominaban los instrumentos, las melodías y los acompañamientos europeos, españoles o eventualmente italianos. Sin embargo, algunos contactos deben de haber existido entre ambos universos musicales, si tenemos en cuenta la descendencia de instrumentos como la guitarra, típicamente española, de la que deriva el guitarrón mexicano, el cuatro venezolano, el tres cubano y el charango altoperuano. Algo similar podría decirse del zapateo o de las palmas, elementos característicos en ciertas áreas de la música española que pasaron a América o fueron recogidos aquí por pueblos que ya antes de la llegada de los conquistadores acompañaban así sus melodías.

Lo que sí parece incuestionable es que el interés por la música autóctona recién se despertó hacia fines del siglo XIX. Durante la dominación española se había refugiado en las comunidades indígenas o en los sectores urbanos que no la rechazaban; luego fue olvidada por las clases dirigentes, para quienes la música, con mayúscula, era sólo la europea. Al despertar nuevamente el interés por los valores estéticos y culturales de los pueblos prehispánicos, su música fue rescatada en recopilaciones que salvaron piezas generalmente anónimas, la escala pentatónica se valorizó y en nuestro país, por caso, empezaron a popularizarse las zambas en la región Noroeste y los aires pampeanos en el Sur.

V

Cuando llegó el momento de la Independencia, en todo el continente americano florecían artes con una impronta distintiva. No eran, desde luego, las que habían cultivado los pueblos prehispánicos pero tampoco las que habían traído los españoles: se trataba de algo distinto, aunque muchas veces se usaran técnicas o formas similares. Tanto la plástica como la imaginería, la música y la danza, la tejeduría y el labrado de la plata ostentaban un perfil que era propio del nuevo continente, matizado con sellos distintivos de cada región.

Lo mismo que venía ocurriendo con el lenguaje o la gente, la confluencia que se venía dando desde dos siglos atrás daba también sus frutos en el plano de la estética, sobre todos los materiales posibles y de todas las maneras imaginables. Más aún: en algún área especial se hacía sentir el aporte africano, como es el caso de la música que, sobre todo en las comarcas tropicales del nuevo continente, trajo formas rítmicas muy atractivas y una languidez y sensualidad arrolladoras: baste recordar la habanera, típicamente cubana, de la que desciende sin ninguna duda nuestro tango.

Es claro que el proceso de independencia, al abrir a los nuevos países copiosos contactos con Europa, posibilitó el ingreso de influencias de todo tipo en las artes americanas, tal como lo hizo también en el pensamiento, las letras, la lengua y las costumbres. Acaso esta masiva irrupción produjo una actitud de desdén por parte de las clases dirigentes, respecto de las humildes expresiones de la gente común, que seguía conservando el tesoro de su acervo nativo. Pero cuando el tiempo fue decantando los gustos y tendencias, cuando se fueron asimilando las influencias foráneas y cuando los países del continente advirtieron que necesitaban definir una identidad propia, entonces llegó el momento de valorizar esas expresiones que habían sobrevivido al extranjerismo, el cosmopolitismo, el snobismo.

A principios de este siglo Ricardo Rojas señaló las fuentes estéticas en las que podía alimentarse el temperamento nacional en la Argentina, y en otros países fue ocurriendo lo mismo un poco después. Así como hemos recordado a Juan Alfonso Carrizo, que salvó la flor de los cantares populares argentinos con raíces en el Siglo de Oro español, también tenemos que no ser ingratos con Rojas, que fue el primero en proponer una estética basada en motivos incaicos y coloniales para las artesanías que debían enseñarse en las escuelas; y en otro terreno, con Martín Noel, que valorizó la arquitectura mestiza y mostró al público la humilde belleza de las capillas aldeanas del noroeste argentino. De entonces es que inicia una lenta pero firme reivindicación de las artes populares en toda América, una manera de valorizar lo propio, sin menoscabo de nadie pero dando su lugar a todo aquello que nos había distinguido. Desde la música llamada folklórica hasta las artesanías más humildes, todas empezaron a encontrar un reconocimiento y un ámbito más dignos y con mayor repercusión.

Era el reconocimiento de los fundamentos remotos y sustanciales de nuestra existencia, la jerarquización de la heredad común.

Y esto puede evidenciarse ahora en la vida cotidiana, cuando admiramos los arcos o el collar con diseño mapuche que ilustra un rostro de mujer. Cuando las imágenes religiosas de un artesano peruano o boliviano decoran un ambiente hogareño. Cuando una muchacha usa una *yica* formoseña o paraguaya como cartera. Cuando se escucha una vidala o se baila una zamba. Cuando se admira un fresco de Ribera o un cuadro de Botero. Cuando se luce una rastra pampa o un poncho con bordados. Cuando se revitaliza la arquitectura criolla como una forma bella y útil de vivir. Cuando se oye una quena. Cuando se cuelga un amate mexicano en el living de la casa... ¡Y tantas otras cosas!

Cuando esto ocurre, estamos reconociendo la rica experiencia de lo indiano y lo español, en una confluencia que mejora y amplía nuestra vida. Es una cultura indeclinablemente americana, fruto de un contacto, un choque y una fecundación de las que somos, hoy todavía, privilegiados protagonistas. No espectadores pasivos, sino protagonistas.

La Religión

I

En los capítulos anteriores hemos visto cómo los pobladores autóctonos de América por un lado y por otra parte los españoles que llegaron a partir del descubrimiento, después de los choques de la primera etapa de la conquista, fueron enlazándose, uniéndose, entendiéndose y de alguna manera enriqueciéndose mutuamente a través de la lengua, la sangre y los oficios de las artes.

Pero hubo un terreno donde la confrontación no solamente fue inevitable, sino drástica, sin concesiones. Los españoles venían imbuidos de un sentimiento religioso que excluía toda blandura en este sentido. Los siglos de la Reconquista, la lucha contra los moros, les habían dado una fe militante que excedía lo espiritual porque constituía toda una fuerza vertebradora de la nacionalidad hispana. Creían fervientemente en Cristo y en la redención operada por su sacrificio en la cruz, aceptaban los dogmas de la Iglesia –en primer lugar la virtud salvadora del bautismo–, se atenían a la autoridad de los papas y a la jerarquía eclesiástica, acariciaban una indestructible fe en la intercesión de la Virgen María y los santos, y para ellos la vida ultraterrena, el paraíso y el infierno eran verdades consustanciadas con su propia existencia. Estaban convencidos de que tenían la misión de convertir al cristianismo a todos los pueblos que encontraran a su paso; más aún, tenían la convicción de que el Nuevo

Mundo, ese enorme y riquísimo don con que la Providencia había favorecido a los españoles, sólo se justificaba si hacían todo lo necesario para llevar a la verdadera fe a los millones de infieles e idólatras que lo habitaban.

Convertir a los indios, pues, no fue una política sino una obligación moral a la que se sentían sometidos; una obligación irrenunciable y permanente, algo que formaba parte esencial del proceso de la conquista y el poblamiento. Al principio, esta obligación se cumplió sin mucho trabajo con las etnias de las Antillas, muy primitivas y cuyas creencias religiosas eran difusas y elementales. Pero esto cambió cuando los españoles tomaron contacto con los grandes imperios americanos, que sustentaban un pensamiento religioso muy complejo, disponían de un clero consagrado al culto y practicaban ritos que resultaron repugnantes a la sensibilidad de los recién llegados. Fue entonces cuando la conquista adquirió un contenido misional activo y sin concesiones. Ahora eran dos concepciones religiosas las que chocaban. Desde luego, en la confrontación sería derrotada la de los pueblos que resultaron vencidos.

Todo esto ocurrió de manera paradigmática con los aztecas. La religión del imperio de Moctezuma era una síntesis o una acumulación de las que habían profesado las culturas anteriores a la azteca. Presidía todos los actos de la vida cotidiana, inspiraba su arquitectura y su estatuaria, marcaba los tiempos de paz o de guerra, regía la existencia de todos. Pero era una religión tiránica, sin esperanzas, caracterizada por el principio del dualismo: la lucha del día y la noche, el sol y la luna, el bien y el mal. La humanidad habría sido creada por dos divinidades antagónicas, Tezcatlipoca y Quetzalcóatl y algunas veces vencía uno y otras veces el otro, porque todo había sido precedido por cuatro edades que se clausuraron con otros tantos cataclismos y también el mundo actual sería destruido, en este caso por terremotos. Para ellos, la vida no era otra cosa que nacer y perecer; no existía seguridad y esta permanente penuria los obligaba a cumplir holocaustos que aplacaran la ira de sus divinidades.

El panteón azteca incluía innumerables deidades: había dioses para la tierra, la muerte, la fecundidad, la lluvia, el fuego y hasta el pulque, la bebida embriagante. En verdad, la deidad más simpática de este conjunto era Quetzalcóatl, "la serpiente emplumada", sobre cuya vida existían diversas versiones. Un mito de origen tolteca lo describía como un sacerdote nacido de una doncella que tenía dotes adivinatorias y como un sabio, inventor del calendario. Amparado por su estrella propicia, el lucero del alba, Quetzalcóatl había enseñado a los hombres muchas artes y técnicas para mejorar su vida, pero los hechiceros, que se sentían desplazados por su bondad y sabiduría, lo persiguieron y fue obligado a huir. Entonces emigró a algún lugar del Este y allí se incineró a sí mismo o, según otras versiones, se metió en el mar y desapareció en la dirección del nacimiento del sol, no sin prometer que volvería alguna vez. Como se lo describía rubio, barbado y dueño de los truenos, no hay que asombrarse de que al desembarcar Hernán Cortés, llegado desde el Naciente, el emperador Moctezuma lo reconociera como reencarnación de Quetzalcóatl y le obsequiara la indumentaria ceremonial que le correspondía... Este error, la creencia de que Cortés y los suyos no eran otra cosa que los antiguos dioses, abrió a los españoles el camino a Tenochtitlán, la capital mexicana.

Fue entonces cuando los recién llegados tomaron conocimiento de la importancia de los sacrificios humanos dentro de la religión de los aztecas. Estos ritos respondían a la suposición de que el sol sentía un hambre y una sed que sólo se mitigaban con la carne y la sangre de los enemigos. Había que ofrendarle víctimas propiciatorias seleccionadas entre los cautivos, y por eso la guerra era un estado casi permanente del imperio azteca. Si no había guerra, se organizaban torneos caballerescos, las llamadas "guerras floridas", y los derrotados en estas contiendas eran sacrificados. Parece que los sacrificios humanos no estaban incluidos en las religiones anteriores a los aztecas; los toltecas, por caso, ofrendaban flores a sus deidades. Pero según los cronistas españoles, en tiempo de Moctezuma se sacrificaba un hombre todos los días, por lo menos, y no menos de 2500 por año, solamente en la capital del imperio. Una vez por año, además, se hacía una gran ceremonia en honor de Tezcatlipoca: un joven era designado para encarnar a este dios, y durante un año se lo reverenciaba, se le entregaban vírgenes para su solaz y se lo instruía en el arte de tocar la flauta. A medida que se aproximaba la fecha del sacrificio, más suntuosas eran las fiestas que se hacían en su honor. El día señalado se embarcaba en un bote y desembarcaba en una isla del lago Texcoco, donde se erigía una de las grandes pirámides, y el joven subía lentamente la escalinata rompiendo una a una las flautas de arcilla que había tocado. Cuando llegaba a la plataforma del templo, cuatro sacerdotes lo colocaban en la piedra del sacrificio, le abrían el pecho con un cuchillo de obsidiana y le arrancaban el corazón. Luego tiraban el cuerpo inerte del sacrificado por las escaleras y un grupo seleccionado descuartizaba el cadáver y lo devoraba.

La repugnancia de los españoles frente a estos macabros usos fue espontánea y sincera. En su segunda carta al emperador Carlos V, contaba Hernán Cortés que conminó a Moctezuma a "que no matasen criaturas a los ídolos, como acostumbraban, porque demás de ser muy aborrecible a Dios, vuestra sacra majestad por sus leyes lo prohíbe". Y Bernal Díaz del Castillo, un conquistador que ya viejo escribió sus recuerdos, transmite vívidamente el asco que les producía. Cuenta que subió con Cortés a un "adoratorio" acompañando al emperador mexicano; desde su altura admiraron el paisaje de Tenochtitlán pero agrega que "estaban todas las paredes de aquel adoratorio tan bañado y negro de costras de sangre y asimismo el suelo, que todo hedía muy malamente". "En los mataderos de Castilla no había tanto hedor." "Y era tanto el hedor que no veíamos la hora de salirnos afuera." Fue en esta oportunidad cuando Cortés pidió a Moctezuma que le permitiera colocar una cruz en lo alto del templo y dedicar parte del mismo a venerar las imágenes que llevaban; el emperador negó airadamente el pedido y allí comenzó a acelerarse el dramático proceso que culminaría con la caída del Imperio Azteca.

Eran dos mundos los que chocaban en el plano de la religión. Por un lado, la cultura europea, que aun con sus rudezas y tosquedades no podía tolerar la muerte ritual o la antropofagia. Por el otro lado, la concepción de la cosmogonía indígena con su necesidad de aplacar las iras de sus dioses mediante la ofrenda de la vida de sus súbditos. ¡Imposible que se entendieran! Para los aztecas, se trataba de conservar un holocausto que sostenía al mundo, que le permitía sobrevivir. Para los españoles, la misión era sacar a todo un pueblo de sus sanguinarios ritos. Además de otras motivaciones, este fue un sentimiento que animó la empresa española y justificó, en el espíritu de los conquistadores, el derrocamiento de aquella brillante civilización.

II

Mucho menos cruel era la religión del Imperio Incaico. En el Tahuantisuyu los sacrificios humanos fueron raros y parece que sólo se realizaban en ocasión de la entronización de un nuevo Inca; en todo caso, se ofrendaban a los dioses plumas o tragos de chicha y algunos animales pequeños, nunca cóndores o pumas que eran totémicos, es decir, símbolos de diversos clanes. Pragmáticos como eran, los jerarcas y administradores del Imperio Incaico no prohibían las deidades de los pueblos que conquistaban; al igual que los romanos, preferían incorporarlas a su propio panteón como divinidades menores, representativas, en general, de los elementos de la naturaleza: el mar era "Mamacocha" y la tierra era "Pachamama". Según se examina, la religión del Tahuantisuyu se aproximaba bastante al monoteísmo, pues el dios superior e incontrastable era el sol, encarnado en la persona del Inca y servido por sacerdotes de diversos rangos y funciones: los *amautas* (sabios y maestros cuya misión era transmitir la tradición incaica a los jóvenes nobles), los adivinos, los encargados de los sacrificios, etc. Los diversos *ayllus* o clanes podían ser protegidos por *huacas*, una fuerza sobrenatural y misteriosa que prestaba protección a estos grupos.

De manera curiosamente similar a la religión de los aztecas, también entre los incas figuraba un personaje mitológico benefactor que probablemente existió históricamente: Viracocha, tal vez el octavo monarca de la dinastía, cuya vida se extendió entre 1347 y 1400. La tradición lo daba como nacido en el lago Titicaca y algunas versiones aseguraban que había sido creador del sol, la luna y las estrellas, así como el transmisor de muchas ciencias y artes útiles.

Los españoles que en 1532 llegaron con Francisco Pizarro al límite norte del Imperio Incaico, no tuvieron tiempo de enterarse de las características y detalles de la religión que practicaban los habitantes del Tahuantisuyu. Apenas tomaron contacto con la nueva realidad, la de un imperio fuerte, rico y organizado, tuvieron que jugarse el todo por el todo. En un acto de increíble audacia o de desesperación, al comparar la escasez de sus fuerzas frente a la enormidad del número de indios que acompañaban a Atahualpa, se apoderaron de la persona del monarca. De allí en más, la conquista del imperio fue sólo cuestión de tiempo. Pero no es una casualidad que el secuestro de Atahualpa haya sido precedido por un hecho de significación religiosa. Fue el fraile Valverde el que se acercó al Inca, majestuosamente sentado en las andas en que lo transportaban sus sirvientes a la plaza de Cajamarca, y por medio de un intérprete lo exhortó a instruirse en la doctrina cristiana: cuando el soberano tiró despectivamente al suelo la Biblia que el sacerdote había puesto en sus manos, en ese momento los españoles apostados en las casas y tras las tapias cayeron sobre la comitiva imperial y apresaron al monarca.

El episodio reviste un obvio simbolismo. Los españoles que esperaban la visita del Inca eran tan pocos y sentían a tal punto su inferioridad, que algunos se orinaban de miedo –según relata un testigo, Pedro

Pizarro. Sin embargo, bastó que el orgulloso Atahualpa arrojara el libro sagrado, es decir, cometiera un sacrilegio, para que los cristianos, menos de 200, cobraran fuerzas hasta poner en fuga a sesenta u ochenta mil indios, matando a no menos de cinco o seis mil. Cuenta un cronista presencial que todos tuvieron esta victoria por un milagro, y agrega como hecho maravilloso que los caballos, muy fatigados y afectados por la altura al punto que hasta el día anterior apenas podían moverse, en aquella jornada arremetieron furiosamente contra el enemigo...

¿Cómo no iban a pensar esos hombres que sus triunfos no se debían a un especial favor divino? ¿Cómo no iban a encomendarse a Dios en cada momento difícil, al iniciar un viaje azaroso o al enfrentar los misterios y peligros del nuevo mundo? ¿Cómo no iban a encontrar en los sacerdotes y frailes que los acompañaban, el apoyo espiritual necesario para afirmar su fe? Este robustecimiento de los sentimientos que ya traían de España no podía dejar de tener una actitud combativa en relación con las creencias, los ritos y los cultos que no fueran los suyos. Así, la conquista implicó necesariamente la eliminación de la religión de los vencidos, la destrucción de sus objetos de culto, por bellos que fueran, y la imposición de la fe cristiana a los pueblos que se sometían al vasallaje de la corona española. Esto significaba una nueva etapa: la evangelización. También en esto podemos apreciar la confluencia de dos mundos.

III

La religión que traían los españoles fue aceptada sin mayor resistencia por las poblaciones indígenas. En casi ninguna región del Nuevo Mundo hubo un rechazo activo de la doctrina y las formas del cristianismo, ni se registran conversiones hechas a la fuerza, aunque desde luego puede sospecharse de la sinceridad de las creencias adquiridas por los vencidos. En tanto derrotados, era la actitud más prudente: ¿qué costaba cumplir con los ritos de la nueva fe si esto contentaba a los nuevos señores? Bautizarse, persignarse, escuchar con unción las misas que se celebraban, no eran yugos pesados para los indígenas.

Pero también es posible que en esas conversiones hayan existido motivaciones menos oportunistas. Al fin y al cabo, la religión de los españoles era suave, no implicaba sacrificios sangrientos ni hábitos que chocaran con sus costumbres ancestrales. Proveía de esperanzas de salvación aunque fuera en la otra vida –una vida posterior a la muerte en la cual creían casi todos los pueblos indígenas. Igualaba a conquistadores y conquistados en la práctica del culto, cuya simbología seducía con sus crucifijos, sus imágenes y sobre todo con el espectáculo de la inconmovible fe que los recién llegados depositaban en sus propias divinidades, las que, por otra parte, habían demostrado ser más poderosas que las propias... Había un clero al que se debía prestar acatamiento y a cuyo sostenimiento se contribuía con el diezmo, es decir, la décima parte de la producción; pero en los grandes imperios americanos también había existido un clero, generalmente más opresivo que estos frailes, párrocos y doctrineros que en muchos casos defendían a los indios de los abusos de encomenderos y funcionarios.

Además, el cambio no fue traumático. Las grandes culturas practicaban, como se ha dicho, religiones casi monoteístas, de modo que no fue difícil sustituir al sol por el dios de los cristianos. Tampoco resultaban rechazables los misterios del cristianismo como el de la Trinidad o la Encarnación; en todo caso eran aspectos que por colocarse mas allá de la comprensión humana no creaban mayores problemas de conciencia. En cuanto a las múltiples divinidades de los panteones azteca e inca, para tomar dos ejemplos, ellas se sustituyeron por el santoral cristiano, que ofrecía patronos celestiales para todas las actividades, oficios y situaciones. Por otra parte, aunque la Iglesia intentó prohibir los ídolos y hechiceros y las borracheras rituales, no interfirió en muchas de las tradiciones semirreligiosas preexistentes, sobre todo las vinculadas a la tierra; algunas veces se hicieron coincidir las festividades cristianas con las ceremonias de la siembra y la recolección. En la zona del Tahuantisuyu el culto de la Pachamama sobrevivió más o menos encubierto; aún hoy, en los caminos del noroeste argentino se pueden ver las *apachetas,* pequeños montículos formados por las piedras que tiran los viajeros para impetrar un buen viaje.

En realidad, los indígenas reinterpretaron las creencias cristianas a la luz de su complejo tradicional, las digirieron sin mayores conflictos pero no dejaron de observar las mismas formas de culto que practicaban sus antepasados; en el mejor de los casos incorporaron elementos cristianos a las liturgias preexistentes o se complacieron en practicar un doble culto que, si bien se mira, no habría de ser sino otra de las formas del mestizaje cultural.

Los pueblos indígenas de América adoptaron rápidamente y sin mayor resistencia la religión de los conquistadores o, al menos, sus formas externas, sobre todo los pueblos con una organización política superior; los más atrasados resistieron la acción de los misioneros, intuyendo tal vez que la fidelidad a sus borrosas creencias era una condición para su subsistencia sin sometimiento. En realidad, como hecho histórico, esta conversión masiva es un fenómeno que casi no tiene parangón, pues pocas veces se vio una adopción tan fácil de un mundo de creencias, rituales y hábitos nuevos como el que protagonizaron los aborígenes americanos con el cristianismo. En poco menos de medio siglo, de las antiguas religiones prehispánicas sólo quedaban algunos vestigios arquitectónicos y algunas tradiciones y supersticiones disimuladas bajo el culto común. Desde luego hubo excepciones: en una época tan tardía como 1803, en México se descubrió que una comunidad indígena seguía adorando a sus propias deidades, cuyas imágenes ocultaban en cuevas. Pero esto fue excepcional y –como dice Charles Gibson– buena parte de la supervivencia de las comunidades indígenas en México se debió a las cofradías y fiestas religiosas.

Algunas circunstancias ayudaron a afirmar los fundamentos del cristianismo en el espíritu de los conversos. Una de ellas fue la edificación de catedrales, iglesias, capillas y oratorios en toda la extensión del Nuevo Mundo. Algunos se construyeron justamente donde se habían levantado los templos de las religiones desplazadas, como fue el caso de México, cuya catedral luce en el solar donde estuvo el antiguo templo mayor; o el de Cuzco, que ya hemos mencionado. Estos lugares de culto testimoniaban la fuerza y el poder de la nueva religión, incitando a los indígenas a aceptarla. Además, con el tiempo se convirtieron en un motivo de orgullo, como lo señala la riqueza del ornato de muchas iglesias que aparentemente excedía las posibilidades económicas de sus feligreses. Pero es que la belleza y riqueza de los templos eran un índice de la devoción de la comunidad que los rodeaba y un esfuerzo propiciatorio de la salvación de sus almas, además de constituir un territorio donde españoles e indios se sentían igualados en los beneficios de la fe y en la frecuentación de los sacramentos.

Otra circunstancia que contribuyó a dar mayor solidez al cristianismo fue la aparición de nuevas devociones, sobre todo alrededor de la Virgen María. Algunas lograron un enorme fervor popular, como es el caso de la Virgen de Guadalupe, cuyo santuario se levantó en Tepeyac, localidad mexicana donde había existido antes un lugar sagrado de los aztecas; o Nuestra Señora de los Remedios, en Puebla, también en México; o la Virgen de Copacabana en Bolivia o las de Luján y del Valle de Catamarca en la Argentina, entre muchas otras. La adhesión que convocaban estas advocaciones, los milagros que se les atribuían y el hecho de que las imágenes veneradas hubieran sido encontradas en un primer momento por gente humilde o por indios, convirtieron a la devoción por la Virgen María en una característica muy típica del cristianismo latinoamericano: irónicamente dice Octavio Paz que la Virgen de Guadalupe y la Lotería Nacional son las únicas creencias firmes de los mexicanos... Pero esa devoción subsiste y dos siglos antes de ser proclamado el dogma de la Inmaculada Concepción, en la América de habla hispana era una convicción común e indiscutible: el "Ave María" como salutación, expresa en su respuesta –"sin pecado concebida"– el fervor mariano vigente en este continente. También surgieron devociones netamente americanas que la Iglesia consagró a su debido tiempo, como la de Santa Rosa de Lima, San Martín de Porres o San Francisco Solano. Frente a los ejemplos de bondad y amor al prójimo que simbolizaban estos personajes, santificados en el corazón de sus devotos antes de merecer su elevación a los altares, ¡qué remotos quedaban aquellos mitos horrendos, crueles, insaciables, que habían pesado sobre los pueblos indígenas! Y ¡qué primitivas y elementales aparecían las creencias animistas de etnias nómades que no habían alcanzado a estructurar un sistema religioso más o menos coherente!

La fe cristiana trajo a los pueblos aborígenes una concepción de la salvación eterna que les dio fuerzas para soportar los rigores y miserias de la vida terrenal. Les brindó motivos para su inspiración artística en la erección y decoración de templos, imágenes sagradas, objetos de culto y música litúrgica. Por supuesto, la conversión de los indios estuvo cargada de intenciones políticas y formó parte de los instrumentos de dominación de los vencedores. Pero puede afirmarse que los indios convertidos en cristianos encontraron en su nueva religión un consuelo para sus desdichas, un conjunto de ceremonias hermosas y comprensibles, la conciencia de poseer un alma inmortal y la esperanza de gozar, después del tránsito por la tierra, de los bienes celestiales reservados a los buenos hijos de Dios de los que (pensarían muchos) acaso quedaran excluidos quienes los explotaban y maltrataban...

Al incorporarse a la grey cristiana, sinceramente o no, los indios se sintieron parte de un conjunto común con los españoles y sus descendientes. Y aunque esta integración fuera bastante formal, no era poco como avance hacia modalidades superiores de fusión con la sociedad colonial.

IV

Ahora vamos a referirnos a la defensa de los indios llevada a cabo en América por la Iglesia Católica en general, y en especial por algunos prelados y sacerdotes. En el último capítulo habremos de destacar la función de la Iglesia dentro del gobierno americano, pues ella jugaba un papel relevante dentro de la estructura del poder indiano. Aunque las generalizaciones siempre son peligrosas, creemos no exagerar si afirmamos que los aborígenes encontraron en la Iglesia como institución y en sus ministros como personas, la compasión que muchas veces faltó a los funcionarios reales, a los encomenderos o a los españoles que se consideraban una raza o al menos una casta superior. En este sentido, la Iglesia cumplió una función moderadora y protectora aunque puedan señalarse muchas excepciones de tipo individual.

Destaquemos que la insistencia de los Papas, compartida por los reyes españoles, de que se bautizara a los aborígenes, ya era un adelanto en sí mismo, pues el sacramento llevaba implícita la aceptación de que los habitantes del Nuevo Mundo tenían un alma y podían, en consecuencia, ser incluidos en la redención de Cristo. En realidad, al hacerse cristianos los indios pasaban a la condición de vasallos de la Corona y dejaban atrás la de enemigos. Ser cristianos significaba entrar en una comunidad de fieles, y al ingresar en ella ya no eran salvajes idólatras sino hermanos en Cristo. Pero desde luego, esto era materia de teología y otra cosa era la realidad. Y la cruda realidad de la América recién conquistada evidenciaba que la crueldad, la prepotencia, la codicia, el desprecio por el nativo abundaban y se hacían sentir en la vida cotidiana. Por eso merecen señalarse algunas personalidades de la Iglesia que adoptaron una actitud defensiva de los indios o que los miraron con ojos más benévolos y comprensivos.

La galería tiene que iniciarse con fray Bartolomé de las Casas, uno de los sacerdotes que denunció abusos con más vigor y constancia. Nació en 1476 y murió en España a los 90 años de edad. En su juventud fue soldado y encomendero en La Española, la actual Santo Domingo, y allí es casi seguro que escuchó en 1511 el famoso sermón de fray Antonio de Montesinos, el primer cuestionamiento formulado contra el recién creado sistema de encomiendas y el trato que daban los españoles a los indios de la isla. Tres años más tarde, Las Casas sufre una crisis espiritual y toma el hábito dominico. Desde entonces se consagra a la defensa de los indios a través de intentos (fracasados) de colonización pacífica, múltiples libros, gestiones en la Corte –pues regresó a España en 1547– y debates públicos con juristas y teólogos. Su obra más célebre es *Brevísima relación de la destrucción de Indias*, publicado en 1552, un inventario terrible, implacable, de los abusos que a su juicio se han cometido desde el descubrimiento. Recorre uno por uno todos los territorios americanos en sus capítulos para demostrar que en vez de sembrar la fe, sus compatriotas los han devastado.

La personalidad de fray Bartolomé y la veracidad de sus denuncias han sido muy discutidas. Parece indudable que hay mucha exageración en sus afirmaciones, y sus cifras sobre exterminios no resisten el análisis. Aceptaba como buena cualquier información tendiente a afirmar su tesis y raramente cita en sus textos casos o nombres concretos. Era un utopista que presentaba a la América anterior a Colón como un edén y profetizaba el Juicio Final como algo inminente, un apocalipsis que Dios lanzaría en poco tiempo para castigar los pecados de los españoles. Pero es innegable la nobleza de la intención que lo animaba. Su incansable lucha, sus libelos, su polémica en Valladolid en 1550 calaron en la conciencia de gobernantes y juristas, abriendo el paso a funcionarios y leyes más preocupados por el destino de los indios. Y hay que señalar en honor de España que su *Breve relación...*, que durante siglos fue utilizada por los promotores de la leyenda negra, se dedicó al futuro Felipe II y no fue censurada ni prohibida.

Otra gran figura de la Iglesia, situada en la misma línea pero con una mentalidad y una praxis muy diferentes a las de Las Casas, fue Vasco de Quiroga, un letrado imbuido de las ideas de Erasmo de Rotterdam, que en ese momento, primera mitad del siglo XVI, lideraba lo que hoy llamaríamos "el ala progresista de la Iglesia". Quiroga era oidor de la Audiencia de México; casi viejo, se ordenó sacerdote y más tarde fue consagrado obispo de Michoacán, donde había mucho malestar entre los indios tarascos por los malos tratos que venían recibiendo y la desestructuración que habían sufrido sus comunidades. Entonces, Vasco de Quiroga tuvo la oportunidad de poner en práctica algunas de las concepciones erasmistas y las propuestas del inglés Tomás Moro en su famosa obra *Utopía*. Porque Quiroga también era un utopista, pero a diferencia de Las Casas, moderado, práctico y ducho en dotes políticas. No sólo restableció las buenas relaciones con los indios sino que fundó pueblos a los que se llamó "hospitales", modelos de originalidad en materia de asistencia social; difundió la enseñanza de artes y oficios, y promovió la creación de comunidades de producción agrícola y artesanal muy exitosas, al punto que todavía hoy existen en Michoacán instituciones que se reconocen como herederas de la iniciativa del "Tata Vasco". Protegió sus derechos a la tierra y logró realizaciones tan notables que los indios de Pátzcuaro –donde está enterrado– recuerdan su memoria con ceremonias populares que se celebran todos los años. El "Tata Vasco" es un personaje casi tan mitológico como Quetzalcóatl en la constelación mexicana.

Podríamos citar otros muchos sacerdotes que se distinguieron por su actitud positiva en relación con los indios, pero hay uno que merece nuestra especial simpatía y gratitud: fray Bernardino de Sahagún, a quien se debe el rescate y la preservación del patrimonio histórico y cultural de la región central de México. Había nacido en 1501 y llegó a México a los 30 años, quedando seducido de inmediato por el brillo y esplendor de la civilización azteca, cuyo imperio había caído apenas diez años antes. Fundó el Colegio de Santa Cruz de Tlatelolco y con la ayuda de sus discípulos dedicó el resto de su existencia (que fue muy larga pues murió a los 91 años) a recoger de los ancianos tradiciones, poemas, cantares, leyendas, textos, todo el tesoro de la cultura vencida. Alentó también la producción de códices para que no se perdiera este arte, y así reunió centenares de documentos en español o en lengua náhuatl, trabajando en la recolección de materiales con un criterio etnográfico muy moderno. Redactó una *Historia general de las cosas de Nueva España*, que transparenta su admiración por las civilizaciones de la meseta mexicana sin declinar, por supuesto, su condena a las idolatrías vernáculas pero demostrando comprensión por las singularidades de esas culturas. A Sahagún, a su tolerancia y su sensibilidad frente a las expresiones de un pueblo que respetaba y amaba, debemos el conocimiento de buena parte de las antiguas civilizaciones de México.

También debemos señalar a las Misiones Jesuíticas entre los esfuerzos hechos por la Iglesia y sus sacerdotes en favor de los indios. Las reducciones erigidas en los actuales territorios de Paraguay, Argentina y Brasil significaron la transformación de etnias nómades en un conjunto de asentamientos urbanos cuyos habitantes se autoabastecían, exportaban su producción de yerba y otras mercaderías, trabajaban en conjunto la propiedad común y aprovechaban, también en común, sus ganancias, desconocían el uso del dinero, lograron (como ya se ha dicho) una sorprendente calidad en sus expresiones artísticas y se comunicaban entre sí en el idioma autóctono, el guaraní, con prohibición de que entraran allí españoles que no estuvieran especialmente autorizados para hacerlo. Fue, sin duda, una utopía trasladada a tierras americanas: la utopía de un pueblo sin codicia, sin espíritu de competencia sino de cooperación y solidaridad, sin autoridades que no fueran las que los mismos indios aceptaban en la persona de sus "paí", esos sacerdotes duramente adiestrados por la Compañía de Jesús para desempeñarse como consejeros, administradores y maestros. Una utopía cuya importancia y riqueza fueron su perdición, pues constituía un enclave extraño al imperio español, no sólo porque las autoridades coloniales carecían de jurisdicción efectiva sobre el extenso territorio de las Misiones sino porque la esencia del experimento jesuítico era rechazada por la concepción de la riqueza que a mediados del siglo XVIII prevalecía en Occidente.

Desde el punto de vista de la dignificación del indio mediante el trabajo, las Misiones fueron una realización admirable. Bajo la conducción de sus sacerdotes, los guaraní fueron agricultores, artesanos, constructores, imagineros, músicos, imprenteros. También fueron soldados, y en la batalla de Mbororé (1640) rechazaron para siempre las incursiones de los bandeirantes de São Paulo que asolaban las reducciones, así como en 1680 formaron el grueso de las huestes que expulsaron a los portugueses de la Colonia del Sacramento. Es que las Misiones Jesuíticas no tienen precedente en el mundo como experiencia colectiva lograda por la persuasión, sin echar mano a recursos compulsivos. A pesar de los errores cometidos por los soldados de Loyola, su recuerdo, eternizado en las ruinas que subsisten de algunos de sus pueblos, será siempre un timbre de honor para aquellos que en la América conquistada y poblada por España apostaron a la integración pacífica de los aborígenes a la civilización occidental sin arrebatarles sus tradiciones, su idioma y su permanencia en la circunstancia geográfica que le era propia.

Vamos a clausurar esta galería con una figura seráfica cuya actuación misional ha dejado gratas connotaciones en diversas regiones de América y sobre todo en el noroeste argentino: San Francisco Solano. Sus recuerdos pertenecían más a la leyenda y la tradición que a la historia, hasta que en 1950 el cardenal Antonio Caggiano publicó parte de su proceso de canonización, iniciado en Lima y conservado en los archivos del Vaticano. De esos viejos folios surge una imagen del santo muy semejante a la que describe el florilegio de tradiciones que rodea su memoria.

Francisco Sánchez Solano era andaluz, de Montilla, donde nació en 1549. Tal vez heredó de sus ancestros el gusto por la música y su habilidad para tocar diversos instrumentos. Franciscano, pasó al Nuevo Mundo por Panamá y en 1589 se lo encuentra en el Perú. Luego estuvo en Potosí, Talavera de Esteco, Santiago del Estero, Tucumán y La Rioja, cuando esta ciudad apenas tenía cuatro o cinco años de vida. Según los testigos del proceso de canonización, estaba dotado de un extraordinario don de lenguas, hacía brotar agua de la tierra, detenía las crecientes de los ríos, impidió ataques de indios contra los españoles. Todos coinciden en que era de carácter alegre y sencillo, que solía cantar y hacer cantar y que llevaba "un pequeño instrumento bicorde" –según uno de los declarantes– o "un palo de caña" a modo de flauta –según otro, tal vez una quena. Puede ser que el fraile andaluz usara estos y otros instrumentos; el caso es que su música fue un elemento decisivo para la predicación que ejercía incansablemente, y la devoción popular lo describe llevando siempre un pequeño violín. Anduvo varios años por tierras del Tucumán, y los conventos franciscanos de La Rioja y Santiago del Estero conservan las celdas donde se hospedó. Después regresó a Lima y allí murió en 1612; apenas un año más tarde se inició su proceso de beatificación, en el que declararon más de doscientos testigos que lo conocieron. En nuestro siglo ha sido proclamado "patrono del folklore americano".

Pero hay un recuerdo vivo del apostolado de San Francisco Solano que toma cuerpo todos los años. Los días 31 de diciembre se realiza en la plaza de La Rioja, desde tiempos inmemoriales, una conmovedora ceremonia: el Tincunacu, el encuentro de San Nicolás, patrono de la ciudad, con el Niño Alcalde, una imagen de Jesús vestido a la usanza del siglo XVIII. Cofradías muy antiguas de "aillis" y "alfereces" cuyos cargos se han heredado de padres e hijos, llevan en andas una y otra imagen mientras entonan una melopea en un quechua arcaico que casi nadie entiende, alusivo a la Virgen de Copacabana y al nacimiento del Niño Jesús en el año nuevo. Mientras el pueblo y las autoridades contemplan la aproximación de las dos cofradías, en un momento dado el santo se inclina tres veces frente al Niño Alcalde.

¿Qué significa esta antigua ceremonia que a través de los siglos se viene realizando en la ciudad de Velasco sin que circunstancia alguna la haya interrumpido? La tradición afirma que hubo en La Rioja un levantamiento de los indios a poco de fundada la ciudad, hecho que está históricamente registrado. Providencialmente habría estado allí San Francisco Solano; él convenció a los sublevados de que, para no tener que someterse al poder español, serían gobernados por un alcalde divino: el Niño Jesús. Los aborígenes acataron el arbitraje y entonces se formaron dos cofradías, una que acompaña al gobernante celestial y otra que rodea al patrono de la ciudad. El homenaje de San Nicolás al Niño Alcalde simbolizaría, pues, aquella reconciliación propuesta por San Francisco Solano para establecer la paz definitiva entre unos y otros.

Es uno de los muchos rituales, procesiones y devociones de este continente, donde lo español y lo autóctono se han fundido, han confluido para dar lugar a una simbología nueva y atractiva que ayudó a hacer más humanos a los dominadores y a ver con una renovada dignidad a los dominados a través de la acción del cristianismo.

V

De esta manera, la religión pasó a convertirse en un factor de unidad de los pueblos americanos que, a pesar de sus diversidades, siempre se han reconocido como hermanados por la misma fe, así como lo están por la lengua común y el común origen. Con este agregado: la evangelización del Nuevo Mundo tuvo lugar en el mismo momento histórico en que el cristianismo veía quebrarse en Europa su secular unidad.

Mientras Lutero, Calvino y otros reformadores promovían disidencias sobre cuestiones de dogma y alentaban rebeldías frente a la autoridad del Papa, millones de seres humanos se alineaban en el nuevo continente tras la ortodoxia del catolicismo apostólico romano, como si aquellas deserciones se compensaran con estas incorporaciones multitudinarias. En la segunda mitad del siglo XVI y a lo largo de todo el siglo XVII, España libró una tremenda y desgastante lucha contra el protestantismo, ideológicamente y a veces en los campos de batalla. Sostuvo con entusiasmo el Concilio de Trento y prestó su apoyo a la Contrarreforma. Pero esta lucha apenas tuvo expresiones en sus posesiones americanas, porque aquí no había adversarios: en todo caso, las autoridades hispanas trataron de evitar que las nuevas sociedades coloniales se contaminaran con el contacto de los herejes, y mediante la acción del Santo Oficio cuidaron que no se vulnerara la ortodoxia católica vigilando las creencias y la conducta de los sospechosos de ser "judaizantes", es decir, practicantes clandestinos de la religión hebraica. La acción de la Inquisición constituye la parte negra, injustificable, de la acción de la Iglesia Católica en América, y erige una terrible excepción a una presencia religiosa que en general contribuyó a hacer más humanas y tolerables las relaciones de dependencia que vinculaban a los indios con los conquistadores y sus descendientes.

Entre tanto la Iglesia iba completando su estructura temporal con la sucesiva creación de diócesis y parroquias calcadas en líneas generales sobre las jurisdicciones políticas españolas; y a su vez, los dominicos, mercedarios, franciscanos y jesuitas desarrollaban sus actividades, a veces en ruidosa competencia. Esta nueva realidad eclesiástica significaba al mismo tiempo una oportunidad de ascenso social para los jóvenes criollos. Aunque lo común era que los obispados y las prebendas más suculentas se otorgaran a españoles en virtud del derecho de patronato que ejercía la Corona, la clerecía menor, los párrocos y doctrineros y hasta algunos canónigos eran frecuentemente americanos. Y todo esto ocurría mientras se profundizaba silenciosamente el proceso de absorción, por parte de los sectores indígenas, de la doctrina y el culto católicos, con una adhesión que pudo ser oportunista en la primera etapa de la conquista pero con el correr del tiempo se hizo honda y sincera.

Así fue como, cuando llegó el momento de la Independencia, la mayoría del clero americano, sobre todo los curas párrocos, acompañó el movimiento emancipador. En México el cura Morelos levantaba estandartes con la imagen de la Virgen de Guadalupe. En la Argentina el general Belgrano hacía rezar el rosario a sus soldados y consagraba a la Virgen de las Mercedes como generala de los ejércitos patriotas, y el general San Martín castigaba a los blasfemos. Tan consustanciada estaba la religión católica con la idiosincrasia profunda de los pueblos americanos, que una gran empresa política como la guerra de la Independencia no podía dejar de vincularse a los símbolos de la fe que todos profesaban.

Décadas más tarde, hacia fines del siglo XIX, consolidadas ya las nuevas repúblicas latinoamericanas, muchos sectores dirigentes consideraron conveniente imprimir a la sociedad de estos países un tono menos comprometido con la religión católica. El ingreso masivo de inmigraciones provenientes de países con tradición laicista, la predominancia del pensamiento liberal con su valorización de la tolerancia y el pluralismo, la gradual incorporación del continente a un intercambio universal de personas, ideas y mercaderías hacían necesaria, a su juicio, la creación de condiciones que permitieran una total libertad de conciencia y culto y una neutralidad del Estado en materia religiosa, sobre todo en el campo de la educación. Por otra parte, la vida moderna dista mucho de tener la dimensión religiosa que antes tenía, y lo sobrenatural ha dejado de ser una preocupación predominante en el espíritu de nuestros contemporáneos, al menos en el mundo occidental en el que están inscriptos nuestros pueblos americanos de habla hispana.

Esto es una realidad que se fue imponiendo a lo largo de un proceso de más de medio siglo que, salvo un par de casos, no registra luchas religiosas ni explosiones de fanatismo. Pero también es una realidad el hecho de que grandes sectores de los pueblos de América Latina se sienten apoyados y confortados por su fe católica. Sienten que forma parte de su identidad como pueblos. Millones de hombres y mujeres reconocen como pertenecientes a su mundo íntimo los lugares del culto católico, sus ritos, sus imágenes, la música sagrada. Nuevas devociones se agregan a las tradicionales, buscando valedores celestiales para diversas situaciones de la vida. La esperanza de un reino más justo en esta tierra o en el más allá, la validez del arrepentimiento, la virtud de los sacramentos, la importancia de la caridad y el amor al prójimo constituyen un legado derivado de aquello que en un primer momento fue un choque pero después se convirtió en una pacífica confluencia de valores, creencias y actitudes.

Desde luego, hay mucha gente en la América de habla hispana que no tiene preocupaciones religiosas, y mucha que, teniéndolas, no son católicos ni siquiera cristianos. Pero la influencia civilizadora y cultural del cristianismo es innegable. Con todos los errores y las torpezas que son propias de las obras humanas, la presencia del cristianismo es uno de los ingredientes más característicos y perdurables de ese continente que hace cinco siglos apareció como un milagro a los ojos asombrados de los hombres de Occidente.

Las Instituciones

I

En este último capítulo echaremos un vistazo a las instituciones políticas, es decir, a las formas de organización del poder tanto en España como en la América prehispánica y las que se fueron instalando en el nuevo continente. Veremos que pudieron ser formas primitivas o muy elaboradas y sujetas a una compleja normativa. Pero esta reseña debe cerrar nuestras reflexiones porque donde hay seres humanos reunidos, se van creando instituciones que instrumentan la práctica de las creencias colectivas, establecen las relaciones de la autoridad y articulan ese designio de continuidad sin el cual cualquier comunidad se diluye y desaparece.

Empecemos, entonces, por la Península Ibérica, cuyos diversos reinos existían casi un milenio antes del descubrimiento de América, como una derivación de las antiguas colonias romanas y de la presencia posterior de los godos. Las huellas de Roma en España no se manifiestan solamente en los vestigios de sus ciudades y coliseos; también el derecho romano marca hondamente la vida española porque tuvo vigencia durante varios siglos y subsistió aun después de las invasiones de los bárbaros. Las *Siete Partidas* de Alfonso el Sabio y los ordenamientos legislativos posteriores beben de las vertientes del antiguo derecho de Roma, al lado de las instituciones que el genio hispano fue creando a lo largo de la Edad Media como la monarquía, las Cortes en su rol de control del poder real, los distintos fueros, las libertades comunales y la concepción ética del "bien común" como elemento vertebrador de ese andamiaje jurídico-legal.

Cuando ocurre el descubrimiento de América recién se estaba produciendo la unificación política de España mediante el casamiento de Isabel de Castilla y Fernando de Aragón. Entonces, frente a la revelación del Nuevo Mundo, de cuya enormidad se cobró conciencia con lentitud, la primera actitud fue trasladar mecánicamente las instituciones gubernativas y jurídicas de Castilla.

Este fue el caso, por ejemplo, de los Adelantados. Durante el proceso de la Reconquista contra los moros los Adelantados eran hidalgos a los que los monarcas autorizaban a guerrear con la condición de que se hicieran cargo de todos los gastos de las expediciones; a cambio de esto, el botín y las tierras que ganaban al enemigo serían suyos. En el primer medio siglo a partir del descubrimiento, la Corona designó varios adelantados en el Nuevo Mundo, pero fueron tan complicados los problemas que aparejaron y tan grande el peligro de que adquirieran una autonomía total de la Corona, que pronto esta institución quedó sin efecto.

Es que América era una realidad totalmente nueva que requería para su manejo instrumentos distintos a los que secularmente habían funcionado en España. Y desde luego, su elemento más novedoso, el que obligó a crear nuevas leyes e instituciones diferentes, fue la existencia de los indios. Esta presencia, que tantos interrogantes planteó en otros campos, como ya se ha explicado, obligó a gobernantes y juristas a agudizar la imaginación para crear otros mecanismos que no podían ser los conocidos durante siglos en la península. Y entonces, los organismos de poder que los españoles fueron estableciendo en América, respondieron a dos necesidades: una, mantener y acrecentar la dominación de la Corona sobre las nuevas posesiones. La otra, sacar el mejor partido de la población aborigen.

Pero hay que señalar que algunos de los pueblos originarios del continente tenían o habían tenido instituciones peculiares derivadas de su propia organización política (cuando la hubo) o de sus particulares modalidades (cuando se trataba de pueblos no sujetos a un poder imperial superior) y entonces, como ocurrió en el plano étnico, lingüístico, artístico o religioso, también en el campo institucional se fue dando una adaptación recíproca, a veces impuesta y a veces pacífica.

Los grandes imperios americanos delinearon sociedades muy estratificadas, sometidas totalmente al poder pero matizadas con costumbres que implicaban cierta autonomía para algunos grupos sociales. En el Imperio Azteca, por ejemplo, los *calpullis* en que se dividía la población tenían, cada uno de ellos, su propia tierra, sus propios templos, sus propias divinidades, y enviaban un representante al consejo supremo de Tenochtitlán. No era ni de lejos un sistema democrático pero suponía una tenue forma de representación. Cuando llegaron los españoles, el imperio era una monarquía hereditaria que había establecido un sistema de derecho no escrito que en lo penal, por caso, trataba de reparar los delitos mediante indemnizaciones al damnificado y, en lo civil, permitía el divorcio si mediaban esterilidad, malos tratos y hasta mal carácter de uno de los cónyuges.

En cuanto al Imperio Incaico, también aquí existía un consejo que asistía al monarca, pero al ser integrado por parientes cercanos del Inca parece haber sido una forma puramente oligárquica y parental de poder. La población se repartía en *ayllus,* unidades económicas y religiosas regidas por un *curaca,* juez supremo y jefe del clan en caso de guerra. Toda la sociedad estaba sometida a un rígido y generalmente eficiente aparato estatal, a través de una gradación de funcionarios estrechamente controlados desde el Cuzco.

Por su parte, en las numerosas tribus que, a la llegada de los españoles, no habían alcanzado todavía etapas superiores de organización, solía regir el destino común un cacique que ejercía todos los poderes, a veces hereditario, a veces elegido por los ancianos o por la tribu entera. Estos grupos se regían por normas consuetudinarias en las que resulta difícil distinguir lo religioso de lo jurídico y moral, con una enorme diversidad de costumbres. Es posible, sin embargo, que tengamos que desechar la generalizada imagen de los jefes de tribus como dueños absolutos de todas las decisiones; hay indicios de que, en muchas etnias, su autoridad estaba condicionada a la voluntad general, especialmente la de los guerreros. En una época tan moderna como la de Mansilla cuando hizo su famosa Excursión, consta que la determinación de ir a malonear o hacer la paz con los cristianos se resolvía en largas asambleas donde cada varón emitía libremente su opinión al respecto.

Pero en todos los casos puede señalarse una característica vigente en los pueblos precolombinos que marca su organización: una estrecha forma de solidaridad entre los integrantes de un mismo clan, llamárase *calpulli, ayllu* o simplemente tribu. Como si fueran componentes de un sistema biológico primario, todos se sentían parte de un conjunto cerrado, integrado en la convicción de un origen común y la fe en las divinidades que los amparaban. Esto implicaba una cosmovisión idéntica y una persistente fidelidad a costumbres y actitudes vitales, así como un apoyo recíproco en cada circunstancia importante de la vida.

Estos sentimientos sobrevivieron al proceso de la conquista y funcionaron sin mayores alteraciones entre los indios sometidos a los españoles. Aquella elemental solidaridad salvó la identidad cultural de muchas etnias americanas y permitió formas de trabajo que la expresan: es el caso de la *minga,* trabajo de cosecha en el que participan los vecinos y amigos del dueño del predio, que todavía se practica en zonas de Ecuador, Perú, Bolivia y algunas regiones del noroeste argentino. Es también el sentimiento que ha creado organizaciones de mutualismo y cooperación en el campesinado mexicano. Y asimismo es el caso de la institución del *curaca,* que aún existe en las zonas andinas, donde el jefe natural de la comunidad tiene la última palabra en asuntos de interés común. Todo esto significa que debajo de las instituciones establecidas por los españoles en el nuevo continente, algunas modalidades existentes antes de la conquista siguieron persistiendo y las autoridades coloniales, comprendiendo que estaban hondamente arraigadas y no ponían en peligro su dominación, las respetaron y aun las alentaron.

II

El gobierno de Castilla incluía, a fines del siglo XV, varios "consejos", cuerpos de asesores que tenían injerencia en todo lo referente a un tema determinado, algo así como los modernos ministerios. Cuando el descubrimiento y las exploraciones exigieron una dedicación especial a América, los Reyes Católicos crearon en Sevilla la Casa de Contratación, que se ocuparía de los asuntos comerciales y el conocimiento geográfico de las nuevas tierras. En 1524 el emperador Carlos V estableció el Consejo de Indias, un cuerpo especializado que se integraba con nobles a quienes significaba un gran honor formar parte del mismo, o con antiguos funcionarios que habían servido en los nuevos dominios transatlánticos

El Consejo de Indias concentraba toda la información relativa al Nuevo Mundo, aconsejaba –y prácticamente decidía– las iniciativas que debía adoptar el monarca, proponía nombramientos y diseñaba las normas a sancionarse. Además, funcionaba como tribunal supremo de algunos litigios originados en el nuevo continente. Es así como, informes de conquistadores, virreyes y gobernadores, memoriales de las Audiencias, relaciones de servicios, planes y proyectos, quejas y denuncias particulares, todo lo que llegó al Consejo de Indias ha quedado cuidadosamente archivado y su conjunto es un precioso yacimiento de documentación que nos permite un acabado conocimiento de todas las etapas de la dominación española en América.

A lo largo de dos siglos y medio, la política del Consejo de Indias tuvo una admirable coherencia. Trataba de que no pasaran al nuevo continente quienes no merecieran confianza en materia de moral o religión, que no se cometieran abusos con los indios, que los gobernantes de ultramar no adquirieran demasiada autonomía, que se respetara el "quinto real", es decir, el porcentaje que correspondía a la Corona en la riqueza extraída. Y también que se mantuvieran buenas relaciones con la Iglesia. No siempre se cumplieron estos propósitos.

Las enormes distancias, la singularidad de la realidad americana, el temperamento aventurero y a veces díscolo de conquistadores y funcionarios, la desmedida codicia que animaba a muchos y la relativa autonomía de que gozaban frustraron muchas veces las intenciones del rey y sus consejeros. "Se acata pero no se cumple" era la cómoda fórmula usada en algunas ocasiones para evidenciar que las disposiciones emanadas de la Corona o del Consejo de Indias se respetaban por venir de quienes venían, pero no se aplicaban porque su vigencia, a juicio de los encargados de hacerlas cumplir, traería más males que bienes.

Es decir que el ejercicio de la autoridad quedaba condicionado a la flexibilidad de las disposiciones que de ella emanaban, y a los múltiples controles existentes en la estructura del poder indiano. Un ejemplo es el derecho que implícitamente asistía a cualquier vecino de las Indias para dirigirse directamente al monarca exponiendo sus quejas, sugerencias o pedidos; los archivos americanos y españoles contienen miles de estas cartas, que evidencian la curiosa democracia –así podríamos calificarla– que subyacía en la base de la complicada arquitectura institucional.

Aquí tropezamos con un concepto que atraviesa toda la organización política y legislativa de las Indias y tenía su origen en el derecho castellano: la idea del *bien común,* la convicción de que el poder y sus normas deben servir a la comunidad en su conjunto, más allá de intereses particulares o sectoriales y aun contrariando órdenes reales. El bien común: aquello que es bueno para todos y frente a cuya evidencia, hasta la autoridad del monarca puede desconocerse. De aquí deriva una de las características más curiosas de las instituciones hispanas en América: la imprecisión de la competencia de sus autoridades. No existía lo que se llama "división de poderes", porque todos los funcionarios ejercían un poco todos ellos, pues el ideal superior, repetimos, era el bien común, que debía procurarse a través de la justicia.

En el conjunto de autoridades americanas, los virreyes representaban a la corona y teóricamente ejercían idéntico poder. En la práctica, su autoridad se encontraba bastante recortada por la acción de las Audiencias, el control de la Iglesia y las designaciones o decisiones que venían directamente de España. Sin embargo algunos virreyes prestigiosos consiguieron moverse astutamente dentro de la maraña de jurisdicciones colindantes y normas contradictorias para lograr sus propósitos valiéndose de colaboradores que normalmente estarían invalidados.

Tal es, entre muchos, el caso de Pedro Sarmiento de Gamboa. Nació en Alcalá de Henares en 1532, estudió Humanidades y en 1555 pasó al Nuevo Mundo.

En México fue condenado a ser azotado por la Inquisición: se lo acusaba de practicar artes de hechicería. Después siguió al Perú donde fue profesor en la Universidad de San Marcos, y bajo el amparo de los virreyes Cañete y Nieva colaboró en diversas áreas de gobierno; pero se lo involucró en la misteriosa muerte de este último, y otra vez fue juzgado por la Inquisición. Más tarde, al servicio del virrey Toledo, diseñó la organización administrativa del virreinato de Lima y escribió trabajos importantes sobre los indios. En 1571 tuvo un nuevo encontronazo con la Inquisición por prácticas de astrología y afirmaciones heréticas: se lo condenó a ser expuesto a la vergüenza pública vestido con el sanbenito. Pero en ese momento Francis Drake estaba asolando las poblaciones españolas sobre el Pacífico y el virrey Toledo le encargó la persecución del corsario inglés; esto lo salvó de mayores males. Sarmiento de Gamboa cumplió la primera travesía del Estrecho de Magallanes desde el Poniente hacia el Naciente y pudo explicar a Felipe II la conveniencia de poblar y fortificar el único paso entre los dos océanos. Murió en 1592 cerca de Lisboa, después de vivir aventuras que hacen de su figura un personaje novelesco. Pero lo que queremos destacar es que un sospechoso, varias veces procesado por el Santo Oficio, fue protegido por los virreyes para utilizar su capacidad.

Un caso parecido es el de Miguel Caldera, que gozó de la ilimitada confianza de varios de los virreyes de la Nueva España en la larguísima guerra mantenida contra los chichimecas en el norte de México. Nacido en 1548, era bastardo y mestizo, lo que en general constituía circunstancias que imposibilitaban ejercer una autoridad militar importante; pero tan imprescindible se hizo Caldera en las funciones de guerra y en las de pacificación, que fue mantenido en el mando casi hasta su muerte, en 1597.

En cuanto a las Audiencias, eran cuerpos judiciales integrados por oidores letrados; algo así como las actuales cámaras de apelaciones si vemos al Consejo de Indias como una suerte de Corte Suprema de Justicia de toda América. Las Audiencias eran presididas por el virrey, y si éste moría o sucedía algo que le impedía gobernar, se hacían cargo provisoriamente del mando. Además de sus funciones específicamente judiciales, las Audiencias cumplieron una gran labor de observación de la realidad americana, tomaron a su cargo la protección de los aborígenes y fueron una fuente de sugerencias y planes de reformas a veces adoptados por la Corona.

Después de los virreyes y las Audiencias, venían los gobernantes (los del Tucumán y Río de la Plata dependieron del virreinato de Lima hasta la erección del virreinato de Buenos Aires en 1776), los tenientes de gobernadores (que funcionaban en cada ciudad de la gobernación) y, en algunas comarcas con población indígena permanente e importante, los corregidores, una especie de jefes políticos que fueron generalmente muy criticados por su codicia.

El andamiaje institucional español se completaba con los cabildos, organismos colegiados de jurisdicción municipal. Sus integrantes eran designados por el fundador de la ciudad y desempeñaban sus cargos durante un año; al terminar su período nombraban a sus reemplazantes. Los cabildos han sido vistos como una célula de la democracia argentina, pero no fue así: sólo se ocupaban de cuestiones que hacían a la vida municipal y a la justicia de menor cuantía, y su integración era cerrada. En toda la América española faltó lo que hubo desde el principio de la colonización inglesa en el Norte: cuerpos legislativos elegidos por los pobladores, que colegislaban junto con el gobernador.

Esta participación no floreció en la parte americana habitada por españoles; si hubo cierta democracia de hecho, fue producto del carácter de los pobladores, la vida libre que llevaban, los enormes territorios y la lejanía de sus autoridades. Todo esto, dentro de una sociedad jerárquica y estamental donde el origen fijaba la posición de cada uno de manera casi inmodificable.

Este complejo jurídico-legal tenía un telón de fondo: las ciudades. Los españoles fueron cuidadosos en la fundación de sus poblaciones y la legislación indiana establecía prolijamente las condiciones geográficas y climáticas que debían tenerse en cuenta antes de proceder a su erección. Las ciudades alojaban a los pobladores. Eran sede de los poderes locales, daban marco a las continuidades culturales, constituían centros de sociabilidad, facilitaban la aculturación de los indígenas y servían para adelantar la organización del espacio. La inmensidad del nuevo continente era, pues, abordada por las armas pero también con la expansión de formas económicas cuyo núcleo dinámico radicaba en las ciudades.

Para equilibrar este complejo aparato de poder, existía un instrumento de control muy original y a veces eficaz: el "juicio de residencia".

Era un riguroso examen al que se sometía a todos los funcionarios cuando terminaba su gestión. Desde el virrey para abajo, todos estaban sujetos a esta evaluación que hacían sus sucesores escuchando las quejas de la gente y pronunciándose sobre su honradez y eficacia. En algunos casos se impusieron penas pecuniarias y hasta de prisión. ¿No sería útil revivir esa vieja institución en la Argentina de hoy?

III

El sistema que se ha descripto muy sintéticamente disponía como telón de fondo de una creación peculiar que ha sido motivo de muchas polémicas: las encomiendas, premios que otorgaba el rey a los conquistadores o sus descendientes y también a españoles supuestamente calificados, "encomendando" a su cuidado cierto número de indios con la obligación de velar por su bienestar material, enseñarles la doctrina cristiana y acostumbrarlos a los hábitos de la vida civilizada. A cambio de esto, los indios debían prestar al encomendero un servicio personal o pagarles un tributo. El fundamento de las encomiendas era doble: por un lado, los pobladores necesitaban mano de obra barata para realizar las labores que ellos no podían o no querían hacer. "Sin indios no hay Indias" decía un adagio acuñado en América, y efectivamente, el trabajo de los aborígenes era indispensable para sustentar a los núcleos poblacionales españoles. Por otro lado, parecía aconsejable que los indios sometidos se mantuvieran sujetos a una autoridad personal, tangible, cercana, que los fuera incorporando gradualmente a las costumbres españolas.

Por supuesto, era una forma de explotación que en muchos casos llegó a la crueldad extrema, así como hubo encomenderos decentes. Según la legislación indiana, los aborígenes eran vasallos del rey y, en consecuencia, hombres libres con la plenitud de sus derechos: se registran algunos pleitos ganados por los indios contra sus encomenderos. Pero este goce teórico de los derechos de los indígenas estaba muy matizado con la idea generalizada de que eran, virtualmente, menores que necesitaban un tutelaje. "Para aprender a ser cristianos tienen primero necesidad de saber ser hombres" decía el virrey Toledo, que pasó por ser uno de los funcionarios más humanos del Perú. De todas maneras, hacia mediados del siglo XVIII concluyeron su vigencia las últimas encomiendas, que raramente se otorgaron por más de "dos vidas" (el beneficiario y alguno de sus hijos) y que casi no existieron en el litoral argentino, al revés del Norte y Noroeste, donde las hubo bastante numerosas en las primeras etapas de la conquista y el poblamiento.

Agreguemos que la cosa tenía su picardía, porque al convertir a un vecino en encomendero, al hacerlo "feudatario", se le imponía la obligación de acudir a su costa a todas las convocatorias militares, una forma barata y cómoda de contar con milicias para cualquier emergencia. O sea que si la encomienda era un premio, podía serlo de manera gravosa y molesta y así ocurrió muchas veces suscitando múltiples protestas de los supuestos beneficiarios. De todos modos, la existencia o inexistencia de encomiendas según las regiones fue un elemento importante en la definición de los tipos de sociedad que poblaron el territorio del Río de la Plata: más aristocratizantes y cerradas las que se habían fundamentado sobre el servicio de indios, más abiertas y plebeyas las sociedades que, como la de Buenos Aires, no conocieron esos antecedentes.

Había otra institución, típicamente mestiza, que tuvo vigencia en el Alto Perú y el Perú; los indios la aborrecían y contra ella se levantaron muchas protestas: la "mita" y el "yanaconazgo". Eran servicios personales que debían prestarse por tiempo determinado a particulares. La "mita", en especial, está asociada a formas inhumanas de trabajo porque generalmente se hacía en las minas, en condiciones terribles. Pero hay que recordar que las raíces de estos servicios se hundían en el Incario, donde se obligaba a prestarlos aunque probablemente con modalidades menos rigurosas que con los españoles. Por otra parte, a diferencia de las encomiendas, la "mita" y el "yanaconazgo" podían implicar el desplazamiento de los indios servidores de sus lugares de origen para cumplir su obligación de trabajo, y este desarraigo agregaba un elemento doloroso al servicio.

En suma, la condición de los indios, su ubicación en la nueva sociedad que se iba formando en América y la forma de aprovechar racionalmente la mano de obra que significaban, fue un tema fundamental y condicionante de la estructura institucional española en el nuevo continente. Los propósitos de los reyes, la intención que animó a la legislación indiana y la preocupación de la mayoría de los funcionarios fueron, en general, nobles y humanitarios. Pero se mediatizaron muchísimas veces por la mezquindad, la codicia y la insensibilidad de los delegados del rey y de los encomenderos, corregidores y otros integrantes de la heterogénea y casi incontrolable fauna que pasó al nuevo continente durante y después de la conquista.

También hay que señalar que durante la época de la dinastía Austria, las Indias gozaron de una relativa autonomía pues el vínculo con España no obedecía a una dependencia militar o económica sino a la fidelidad de los vasallos a la Corona. Todo empezó a cambiar con el acceso de los Borbones al trono, a principios del siglo XVIII. Ellos buscaban mayor eficacia administrativa, recaudaciones fiscales más copiosas y una sujeción más estrecha de los dominios americanos: los Borbones tenían de América una visión más colonialista y veían al continente como una fuente de materias primas y un mercado para los productos que se exportaban desde la metrópolis.

La creación del Virreinato del Río de la Plata (o de Buenos Aires, como se lo denominó indistintamente) fue una expresión de este cambio de política. Y también del cambio en el concepto de riqueza de las naciones. Durante las primeras etapas de la conquista y el poblamiento, la riqueza era solamente el metal precioso, y de ahí la prioridad que se dio a México y Perú, regiones ricas en plata, así como la escasa importancia de estas remotas tierras del sur del continente. Ahora, a mediados del siglo XVIII, el pensamiento europeo y también el predominante en España valorizaban otros recursos, como los que podía producir el rico suelo del nuevo virreinato.

La concepción que animaba la creación del Virreinato del Río de la Plata incluía este criterio económico pero también un proyecto político gigantesco: una entidad con capital en Buenos Aires que abarcaría la superficie de lo que hoy son cuatro naciones, con salidas al Atlántico y al Pacífico, y que contendría una asombrosa variedad de recursos: enormes praderas, selvas de rica madera, caudalosos ríos, yacimientos mineros. Incluía las extensas costas patagónicas y las islas Malvinas, el borde oriental de la cordillera de los Andes, el estuario del Plata... Todos los elementos necesarios, en suma, para constituir una enorme y dinámica conjunción de recursos humanos y naturales.

Pero a la vez, este conjunto abarcaba componentes demasiado contradictorios. ¿Qué tenía que ver el Alto Perú, por ejemplo, con una gran presencia indígena y una antigua vinculación con Lima, con la mediterránea y recoleta vida del Paraguay? ¿Cómo podría saldarse la rivalidad entre los puertos de Buenos Aires y Montevideo, empeñados, cada uno, en ser la puerta de entrada de esa enorme jurisdicción? La región de Cuyo ¿podría tronchar fácilmente su secular relación de dependencia con Santiago de Chile, que ahora debía cambiar por una capital situada a más de 1000 kilómetros de distancia? ¿O las diferencias entre las ciudades del antiguo Tucumán con sus tradiciones señoriales y su riguroso sistema de castas con la (en cierto modo) cosmopolita y (de alguna manera) democrática sociedad porteña?

Sólo el tiempo, un tiempo prolongado, hubiera hecho posible que esos ingredientes fraguaran en un conjunto común. Y lo cierto es que el Virreinato sólo duró poco más de tres décadas, desde 1776 hasta 1810. Cuando estalló el proceso emancipador, su dinámica tomó un impulso centrípeto. En menos de veinte años el antiguo Virreinato se dividió, dando lugar a cuatro repúblicas independientes. Dentro del actual territorio argentino operaron factores que tuvieron la necesaria solidez y fuerza como para mantener una entidad nacional. Por eso los argentinos somos herederos de una parte importante del antiguo Virreinato, y nuestra capital sigue siendo la ciudad que en 1776 la Corte de Madrid eligió tras sesuda reflexión para que fuera la cabeza de ese gigantesco proyecto.

IV

Todo pueblo que se apodera de un territorio ajeno y sojuzga a sus habitantes, establece sobre esa nueva posesión una relación que, a la corta o a la larga, se revelará conflictiva. Esto ha ocurrido a través de la historia de la humanidad y también fue lo que pasó entre España y sus dominios americanos. Los conflictos no aparecieron en las primeras etapas, pero a medida que los españoles y sus descendientes americanos afirmaban sus raíces, robustecían sus intereses y se iban sintiendo parte de una realidad que no era la de su origen, se evidenciaban los problemas que planteaba su relación con la metrópolis o sus delegados. En tanto el nuevo continente iba perfilando una identidad, por borrosa que fuera todavía, comenzaba a quedar claro que en muchos campos tendía a marchar a contramano del lejano centro de poder del que dependía.

En este aspecto se registran dos casos paradigmáticos. Uno, el de un criollo que acata hasta sus últimas consecuencias las directivas reales y con su obediencia perjudica los intereses de su propia comunidad. El otro caso es el de un funcionario español que pretende aplicar a rajatabla las buenas intenciones de la Corona y entonces convierte su misión en un desastre. El criollo es Hernando Arias de Saavedra, Hernandarias, varias veces gobernador de estas tierras; el español es don Francisco de Alfaro, oidor de la Audiencia de Charcas y "visitador" de vastas regiones de los actuales territorios de Argentina, Bolivia y Paraguay.

Hernandarias nació en Asunción en 1564, hijo y nieto de conquistadores; era pariente del obispo Trejo y Sanabria, fundador de la Universidad de Córdoba. Sirvió desde muy joven en cargos políticos y militares, recorrió enormes itinerarios, incluso el norte de la Patagonia, y salvó a Corrientes, Santa Fe y otras ciudades mediante oportunas expediciones. Una infección le había privado de su sentido auditivo y le dejó la boca torcida; así, con un aire un poco ausente, lo muestra el único retrato que se conserva de él. Fue gobernador del Paraguay elegido por sus vecinos y por tres veces gobernador del Río de la Plata. Este gran criollo, amante de su tierra, justo y honrado, murió en Santa Fe en 1635 y sus restos se encuentran en las ruinas de Cayastá, al lado de los de su esposa.

En su persona se encarnan las nacientes contradicciones entre España y América, porque siendo gobernador del Río de la Plata persiguió implacablemente el contrabando y desarticuló a una banda de aprovechados personajes que vivían suntuosamente en la pobrísima Buenos Aires de principios del siglo XVII mediante la venta clandestina de negros y los remates de las mercaderías decomisadas. Pero esta lealtad a la Corona perjudicaba gravemente a la ciudad de Garay...

Porque los porteños de entonces necesitaban desesperadamente exportar los pocos productos que podían elaborar y también precisaban ingresos en metálico para pagar las importaciones que les eran imprescindibles. Anhelaban que el puerto de Buenos Aires fuera el paso obligado de todo el comercio realizado desde Potosí al Sur. Pero el sistema oficial español permitía que sólo uno o dos navíos llegaran anualmente a Buenos Aires y este tráfico en cuentagotas asfixiaba a la incipiente ciudad. Los porteños de esa época eran como náufragos, sobrevivientes en el borde de dos enormes vacíos: el vacío de la pampa, en la que todavía no se internaban por desconocer su vastedad, y el vacío del estuario, donde la aparición de una vela era como una inyección de vida pero ocurría cada muerte de obispo... Entonces el contrabando, o más bien la violación de las ordenanzas reales, tan estrictas como perjudiciales, era lo único que podía salvar a los pobladores.

Así pues, Hernandarias cumplió puntualmente con sus obligaciones, pero ello limitó las posibilidades comerciales de la recién fundada ciudad y retrasó su crecimiento. Es cierto que la principal beneficiaria de los actos ilegales era una banda de aprovechados personajes; pero también es cierto que dichos actos eran el único recurso de la población para subsistir. Y es entonces como un criollo honrado, leal a la Corona y conocedor de las necesidades de sus coterráneos, tuvo una actuación contraria a los intereses y expectativas de éstos, precisamente por empeñarse en acatar y ejecutar las órdenes reales.

El otro caso, no menos paradójico, es el de don Francisco de Alfaro, oidor de la Audiencia de Charcas, a quien se le encomendó en 1610 recorrer el Tucumán, el Paraguay y el Río de la Plata para poner remedio a los abusos contra los indios y adoptar medidas de buen gobierno. Debió haber sido Alfaro un hombre de carácter... y de buena salud, porque en dos años anduvo por Jujuy, Salta, Talavera de Esteco, Santiago del Estero, Córdoba, Buenos Aires, Santa Fe, Asunción y, cruzando el Chaco, otra vez Santiago del Estero, estudiando la situación y reuniéndose con los personajes importantes de esas jurisdicciones.

En todas dejó la impronta de su actuación, básicamente en lo relacionado con el trato a los indios. En Córdoba ordenó que los que servían en arreos o carretas gozaran de largos descansos y no fueran sacados de sus lugares de origen. En Buenos Aires se convenció de que había que anular la fundación de Garay y desmantelar la ciudad, a la que consideraba "la puerta falsa de la tierra" por donde se escurría la plata de Potosí para pagar el contrabando. Pero fue en Santiago del Estero donde lanzó una verdadera bomba: mandó abolir el servicio personal de los indios que, en adelante, sólo pagarían un pequeño tributo, la "tasa". Alfaro fue apoyado por los jesuitas, que promovían la creación de reducciones donde los aborígenes pudieran ser adoctrinados, pero tuvo que enfrentar los intereses de los encomenderos, sobre todo en el Paraguay. De todas maneras, el enérgico oidor impuso su criterio y en enero de 1612 sancionó las llamadas "Ordenanzas de Alfaro", una especie de código del trabajo para los indios donde se establecían con gran detalle las modalidades de labor que se permitirían, jornadas, sueldos, etc. Cuando regresó a la tranquilidad de su despacho en Charcas, comentó que "no había dejado muy contentos a los encomenderos"...

Más que descontentos, estaban furiosos. Cuestionaron las ordenanzas y obtuvieron el apoyo de algunas órdenes religiosas como los mercedarios, no pocos funcionarios reales y vecinos de casi todas las ciudades. A pesar de esta oposición, en 1616 el Consejo de Indias promulgó las Ordenanzas de Alfaro, que desde ese momento integrarían la legislación común. Pero para entonces la resistencia se había generalizado y las normas impuestas por el oidor no se cumplían en ningún lado. Más aún: muchos encomenderos tomaban medidas para que los indios no osaran ampararse en las Ordenanzas, con lo que cayeron en una situación peor que antes de la visita de Alfaro.

Finalmente, todo se diluyó. La realidad demostró ser más poderosa que las buenas intenciones de la Corona, el Consejo de Indias y el propio Alfaro. Las Ordenanzas entraron en la categoría de las leyes que se acataban pero no se cumplían. Han pasado a la historia como una expresión de los propósitos humanitarios de la Corona y de algunos de sus personeros. Pero también como un típico caso de voluntarismo que no pudo remediar nada.

Sin embargo, Hernandarias y don Francisco de Alfaro merecen un respetuoso recuerdo. Fueron la personalización de los mejores valores de un poder que trató de ajustarse lo mejor posible a las peculiaridades de la realidad americana. Y si lo miramos bien, en estos dos personajes se cifran la grandeza y las falencias de unas instituciones que muchas veces se transplantaron al Nuevo Mundo sin tener en cuenta los irreprimibles conflictos que esa misma realidad creaba a la nación conquistadora.

V

No puede decirse que las autoridades españolas no hayan realizado ingentes esfuerzos para superar los conflictos con sus posesiones americanas. Después de erigir el Virreinato del Río de la Plata, por ejemplo, se crearon gobernaciones-intendencias cuyo objeto era atender más de cerca las distintas regiones de esa vasta jurisdicción; en el actual territorio argentino sus cabeceras fueron Buenos Aires, Córdoba y Salta, cada una de ellas con "ciudades subalternas" a su cargo. Algunos gobernadores-intendentes fueron recordados como excelentes administradores, tal el caso del marqués de Sobre Monte en Córdoba. Y la relativa liberalización del comercio estimuló un moderado auge económico en Buenos Aires y su jurisdicción, así como un sistema regular de correo fue vinculando a las distintas ciudades.

Pero en la primera década del siglo XIX quedó dramáticamente patentizada la impotencia de la metrópolis en varios aspectos sustanciales. Las invasiones inglesas (1806-1807) demostraron que España carecía de poder militar para proteger sus colonias, y que sólo el esfuerzo de sus habitantes podía rechazar ataques exteriores. Además, con motivo del mismo hecho, el pueblo de Buenos Aires exigió la renuncia del virrey y su reemplazo por Liniers, el caudillo que había encabezado la resistencia contra el invasor: esto era un tremendo golpe al principio de autoridad, incontestable hasta ese momento en toda América, y la metrópolis tuvo que aceptar el hecho consumado. La posterior ocupación de la península por Napoleón y la instalación de su hermano José en el trono español desvirtuaron la legitimidad dinástica de la monarquía. Además, existía en esta parte del continente, como en otras, un sector importante de criollos que ambicionaba una participación en el poder de la tierra en que había nacido, y núcleos comerciales a los que resultaba insoportable el monopolio del tráfico de mercaderías desde Cádiz, y aspiraban a comerciar libremente con todo el mundo. Las ideas de la independencia norteamericana y de la Revolución Francesa habían calado hondamente en algunos niveles de la sociedad. En suma, todo estaba maduro para un drástico cambio, y así ocurrió a partir de 1810.

La ruptura política de estas provincias con su antigua metrópolis quedó formalizada de derecho en 1816; la última batalla de la independencia americana, Ayacucho, ocurrió en 1824. Naciones independientes, cargadas a su vez de conflictos internos, reemplazarían a las antiguas jurisdicciones virreinales y elaborarían sus propias instituciones sobre otros supuestos que los vigentes hasta entonces. La fidelidad al rey se sustituyó por la adhesión a los principios y las formas republicanas. La concepción del "bien común" fue reemplazada por la de la soberanía popular, que tardaría mucho tiempo todavía en tener vigencia efectiva. El centralismo borbónico dejó paso a la dinámica federal. La sociedad de castas fue gradualmente reemplazada por una sociedad de clases. Y el intrincado sistema colonial fue abolido para dar entrada a poderes cuya división se estableció en normas escritas de carácter constitucional. Todo cambió en pocos años, y el pasado español fue execrado por las nuevas naciones y también por los argentinos.

Pero no es fácil desprenderse del pasado y, por otra parte, la arquitectura de las instituciones españolas era sólida y se había fundado, generalmente, sobre realidades concretas. Nuestro país, a veces conscientemente y otras veces sin advertirlo, recogió muchos elementos formativos que eran legados de su pasado hispánico. Ya nos hemos referido a la lengua, el tipo étnico, las artes, la formación del sentido religioso de la vida. Pero hay otros costados importantes en nuestra heredad.

Cuando las nuevas naciones americanas surgieron a la vida independiente, un implícito acuerdo entre ellas determinó que sus fronteras serían las que había delineado España cuando marcó las divisiones de sus posesiones en el Nuevo Mundo. Así, el principio jurídico del *uti posidetis* ("como poseíais seguiréis poseyendo") ha sido fundamental en el derecho americano y ha evitado muchos conflictos, porque el tiempo fue demostrando que las demarcaciones efectuadas por las autoridades españolas no eran arbitrarias: respondían a imposiciones geográficas, climáticas, económicas y étnicas que las condicionaban. En mucho casos, los litigios fronterizos entre países vecinos se solucionaron recurriendo a los antecedentes históricos que remiten a la época de la dominación hispana. Y en lo interno de nuestro país, lo mismo ha ocurrido con los límites interprovinciales.

Del mismo modo, la erección de gobernaciones-intendencias dentro del Virreinato del Río de la Plata fue, junto con los cabildos, el motor originario de la creación de las provincias argentinas. Cuando en 1820 desapareció la autoridad nacional y la vocación federalista estalló en toda su fuerza, algunos dirigentes trataron de que las incipientes provincias se formaran sobre la base territorial de las antiguas gobernaciones-intendencias; no lo lograron y las nuevas autonomías se afirmaron en torno a las antiguas jurisdicciones de los cabildos. Es que éstos, los cabildos de las viejas "ciudades subalternas", habían resistido la hegemonía de las que eran cabeza de las gobernaciones-intendencias, y esta resistencia les fue dando una identidad que a partir de 1820 se expresó en las catorce provincias tradicionales fundadoras de la nación constitucionalmente organizada.

Tampoco cambiaron mucho las cosas respecto de la capital de la nueva nación. Buenos Aires, que había sido cabeza del Virreinato, lo siguió siendo de las Provincias Unidas del Río de la Plata: Artigas, el caudillo oriental, se quejaba de que el despotismo de Madrid había sido simplemente sustituido por el despotismo de Buenos Aires... Y la ciudad porteña fue capital de hecho de la Confederación Argentina y después de la Nación Argentina hasta su declaración formal como tal, en 1880. Podemos registrar otras continuidades con el sistema institucional hispano: el poder personal de gobernantes y virreyes se transfirió, legalizado, al que ejerce el presidente de la Nación. La legislación civil y comercial española rigió la vida del país hasta 1870, y las ordenanzas militares unos años más. El típico burocratismo y el estilo papelero de la administración hispana se transmitió a las nuevas naciones americanas, y también a la nuestra. Además, por debajo de estas formas y contenidos, en muchas regiones argentinas, como en muchas del continente, las modalidades de vida de los indígenas, que el dominio hispano había preservado, continuaron ejerciéndose. Como continuaron, también, ciertos usos señoriales típicos de la época colonial, y algunos prejuicios de casta y de color. En síntesis, heredamos sin beneficio de inventario mucho de lo bueno y no poco de lo malo de los siglos españoles en el nuevo continente.

Hay que destacar que, en las primeras etapas de su vida independiente, los argentinos repudiaron y negaron el legado de España. Suponían que para afirmar su naciente perfil nacional era indispensable abjurar del pasado hispánico, de su cultura, de sus instituciones y hasta de su idioma. Echeverría recurría a las letras francesas, Sarmiento hacía gozosamente el proceso del atraso y la ignorancia de la España de su época; más tarde, Vicente Fidel López describiría el período colonial como la "edad oscura", la etapa medieval del país.

El tiempo y la lógica de las cosas se encargaron de corregir estas exageraciones, expresión, en el fondo, de un visceral apego a España y una necesidad filial de marcar rebeldías ante el recuerdo paternal rechazado. Los vínculos de sangre, la disposición espiritual más congruente, nos fueron aproximando de nuevo, y en la segunda mitad del siglo XIX la gran inmigración peninsular terminó de sellar este regreso a las fuentes. Luego, en las primeras décadas de nuestro siglo, la influencia de pensadores como Ortega y Gasset o Unamuno, de científicos como Ramón y Cajal, de poetas como García Lorca, de eruditos como Menéndez Pidal o Menéndez y Pelayo fue cada vez más profunda en nuestros medios intelectuales, artísticos y literarios. Los canales de la cultura terminaban de recomponer el vínculo esencial con la Madre Patria.

Quedaba un reconocimiento por hacer: el de la política y las instituciones. Para los argentinos, que contemplaban la fragilidad del ordenamiento político español en las décadas de 1920 y 1930 y después siguieron apasionadamente sus desgarramientos civiles, España era una fuente de inspiración en el campo del pensamiento, el arte y la cultura. Pero no un ejemplo de sabiduría política. Sin embargo, este reconocimiento también llegó. La sensatez con que los españoles supieron cerrar las heridas producidas por sus tragedias intestinas, la inteligencia con que articularon un proceso democrático que ha hecho posible la sociedad pluralista, próspera y dinámica que hoy caracteriza a España, ha llenado de admiración a todos los observadores. Y a los argentinos nos ha sido muy útil el modelo de reconstitución pacífica del tejido conjuntivo de la sociedad peninsular.

También las naciones de América Latina han sabido madurar en este siglo. Sus pueblos han atravesado infortunios políticos, crisis económicas, desajustes sociales, riesgos ideológicos, y en esta esforzada peregrinación han madurado, van llegando a su sazón. Entre los campos donde se ha producido este fenómeno debe figurar la revalorización de las etnias que poblaron este continente antes de la llegada de los españoles. Ahora se conoce de ellas mucho más que en el pasado. Las altas civilizaciones precolombinas, en especial, han sido estudiadas con métodos que permiten revivir realidades históricas asombrosas en materia de tecnología, artes y organización social.

Así pues, la proximidad del quinto cumple siglos de la hazaña de Colón puede recibirse con una mentalidad amplia y abierta que no subestima ninguna de las vertientes que confluyeron en la formación de la realidad americana de hoy. Sabemos valorar lo que [illegible]e la corriente hispana y también los aportes prehispánicos. Sentimos que en el escenario grandioso del Nuevo Mundo operó una confluencia de raza, lengua, arte, cultura, religión, mentalidades e instituciones, que forma la esencia de nuestra heredad. Nos sentimos orgullosos de ella. No repudiamos ninguno de sus elementos constitutivos. Ellos son nuestros y nosotros somos su resultante, su producto final, que no es definitivo porque siempre podrá ser mejorado, perfeccionado.

Concluyo

En sus Crónicas marcianas *imagina Ray Bradbury la historia de una familia que abandona la Tierra para instalarse en Marte. Hallan a cada rato vestigios de una antigua y refinada civilización pero no ven marcianos; se han extinguido mucho tiempo antes. Sin embargo, los chicos insisten en encontrarlos y se sienten muy decepcionados al no ver ninguno. Un día en que la familia terráquea está paseando a las orillas de un río cuya corriente es como un espejo de plata, el padre les dice:*

–Asómense y miren. Allí están.

Y los muchachos ven reflejadas en el agua sus propias imágenes: ahora, ellos son los marcianos...

Algo parecido debe haber pasado con los españoles y en especial con sus hijos nacidos en América: en algún momento se sintieron indianos. Percibieron que pertenecían a esa realidad a la que sus padres habían venido sin sentirla como propia. Sus vástagos, en cambio, escucharon la respiración de la tierra, la recorrieron, la poseyeron, miraron a los indios como parte de su circunstancia y sintieron que esa geografía era su sede nativa, su solar.

¿Y los nativos? Después de los traumáticos choques de la conquista se habrán avenido a convivir con los recién llegados. A veces lo hicieron lo más lejos posible, como los aborígenes de nuestras pampas y de las regiones chaqueñas, que se mantenían a prudente dis-

tancia en una recurrente relación de guerras e intercambios pacíficos. Otros, como los de nuestro noroeste y los antiguos súbditos del Tahuantisuyu y del Imperio Azteca, convivieron en situación de vencidos pero también supieron penetrar en todos los intersticios posibles de la sociedad indiana y generaron sobre ella influencias profundas y permanentes, como se ha visto.

Entonces, cuando el hijo o nieto de españoles se sintió indiano, se miró en el río y vio su rostro como parte del paisaje, y cuando el indígena, a su vez, compartió sangre, tierra, lengua, artes, religión y formas de organización social y política con los nuevos señores, entonces se fue produciendo con naturalidad aquel prodigioso fenómeno de confluencias que hemos descripto. Lo hemos hecho de una manera lineal y sintética porque así lo exige la naturaleza de este libro, pero el lector habrá advertido, sin duda, la complejidad de las interrelaciones que se establecieron y la vastedad del campo en que tuvo lugar este proceso, desatado en un tiempo pasmosamente corto.

Y esto es lo más rescatable y trascendente del proceso que comenzó en 1492. El quinto centenario de este hecho sólo adquiere proyección si lo vemos como un jalón de otra mezcla, otro mestizaje, otra fusión que todavía tiene mucho camino por andar. Pues no se trata ahora de la confluencia del mundo aborigen con el español, sino de algo mucho más vasto como es la profundización de la relación de América Latina con el mundo, al menos con el que más nos importa.

Exaltar los horrores de la conquista como si fuera lo único que marca y sella lo ocurrido en el nuevo continente a lo largo de los siglos iniciales, es inútil, inexacto y tendencioso; tan tendencioso, falaz e inútil como la posición que vocea una intención puramente misional y civilizadora en la presencia española en América. La relevancia del descomunal fenómeno que empezó en 1492 está dada por su secuela más original: la fusión. Por eso, parece insincero hablar de "encuentro", como parece unilateral hablar de "descubrimiento". Lo más significativo fue la mezcla que es lo que da identidad a nuestros pueblos y lo que permanece en instancia abierta, capaz de hacerse cada vez más fecunda.

Han quedado atrás las posiciones ideológicas extremas que en muchos momentos dificultaron la comprensión del fenómeno americano. Tanto el indigenismo exagerado que repudia todo aporte que no sea autóctono como aquel apolillado hispanismo promovido por el régimen franquista, han sido superados. Los anacrónicos prejuicios de una y otra posición no erizan ya nuestros posibles entendimientos: se han diluido en virtud de sus propios dislates. El sistema político adoptado por España y reinstalado en la mayoría de los países latinoamericanos facilita en estos tiempos una recíproca comprensión, porque tanto la nación española como las de nuestro continente, aun cargando con su propia bolsa de problemas, adhieren a valores sustanciales comunes como la democracia, el pluralismo, la apertura social y cultural, y estas compartidas creencias perfeccionan la sintonía mutua de uno y otro lado de la mar océana.

No ha existido en cinco siglos un momento más propicio para examinar el significado del contacto entre indios y europeos en el escenario del Nuevo Mundo, y para sacar frutos de su proyección histórica.

No hay una mejor oportunidad para emprender aquí otro proceso de confluencia, esta vez de dimensión planetaria.

Índice

Índice de ilustraciones

Esta edición de 4000 ejemplares
se terminó de imprimir en
Industria Gráfica del Libro S.A.,
Warnes 2383,Buenos Aires,
en el mes de mayo de 1993.